JN317636

もしも、エリザベス女王の
If you are invited to the tea party of Queen Elizabeth ?
お茶会に招かれたら?

英国流アフタヌーンティーを楽しむ
エレガントなマナーとおもてなし40のルール

藤枝理子

清流出版

ブックデザイン
矢代明美
*
写真撮影
南都礼子
*
スタイリング
船所順子
*
編集協力
藤岡信代
*
撮影協力
英国骨董おおはら
（扉のティーサーヴィス、P21のサルヴァ、
P105のティーナイフ）
http://www.ohara999.com/
東急ホームズ
http://www.tokyu-homes.co.jp/
Antique Classic Rose
向坂留美子
（P85、P96のアーティフィシャルフラワー）

Prologue

イギリスでは、「紅茶を飲む姿を見れば、その人の品位と教養がわかる」といわれています。

はじめて出会った人でも、ティータイムをご一緒すれば品格があらわれる。いえいえ、それだけではなく、その立ち居振る舞いから、お母さまとそのまたお母さま、そう三代前までがわかってしまうといわれるのが、ティータイムのマナーなのです。

たった一杯の紅茶を飲むという所作を通して、その人のバックグラウンドや育った環境が、すべてお見通しというわけです。

２０１１年、世界中の人々を魅了したイギリスのロイヤルウェディング。

晴れてウィリアム王子と結婚して、英国王室の一員となったケイト・ミドルトンさん改めケンブリッジ公爵夫人・キャサリン妃。一躍羨望の的となった彼女ですが、一時は「待ちぼうけケイトさん」というニックネームがつけられていたことをご存知ですか？

その理由のひとつに、マナーがあったといわれています。

もともと、一般家庭出身のケイトさんとの交際に対して厳しい声も多かったそうですが、エリザベス女王主催のティーパーティにご家族をお招きした際に、王室側は階級差を目の当たりにしたといわれています。ほかにもさまざまな理由があったにせよ、称号を持たないケイトさんを王室に迎え入れるまでの道のりは決して平坦ではなく、長い年月にわたってプロポーズを待ちわびることになりました。

もちろん、正式なマナーを知らなくても、いくらでも紅茶をいただくことはできますし、ケイトさんのようなシンデレラ・ストーリーでもないかぎり、生活するうえで困るということもありません。けれど、お作法やルールを身につけ、美しい立ち居振る舞いができるようになれば、それがあなたの自信へとつながり、今よりもっとキラキラと輝く豊かな人生を送ることができるでしょう。その魅力は、まわりの人をも優しく包み込んでいきます。

マナーは女性が身につけたい教養のひとつ。素敵な人生の扉を開く鍵なのです。


さて、ここで問題。

あなたは今、ホテルのティーサロンでアフタヌーンティーをしています。そして、目の前に3段になったシルバースタンドが運ばれてきました。まず、何から食べはじめますか？

「順番なんてあるのかしら？」

と思ったかたがほとんどかもしれません。

もしくは、

「お好きなようにお召しあがりくださいっていわれたけれど……」

そこで、あなたが試されているとしたら？

実は、英国式のアフタヌーンティーには、日本の茶道と同じようにマナーやルールが存在します。正式なマナーの心得がなくてもティータイムを楽しむことはできますが、知らず知らずのうちに周囲や一緒にいる相手に不快感を与えていることもあるかもしれません。

またマナーを知らないと、海外旅行に出かけた際にも、日本人はマナーがなっていないという恐ろしい理由から、レストランやティールームで、隅のほうのテーブルに案内されることだってあるのです。

そういう私自身も、イギリスに紅茶留学をする前まではアフタヌーンティーのマナーなんてお構いなし。順番も関係なし、自分が食べたいものから好きなように制覇していく典型的な日本式マナーを堂々と実践していました。

そして紅茶の勉強をはじめて、壁にぶつかったのもこのマナーの部分でした。

「紅茶をカップに注ぐときに、この本にはミルクを先に入れると書いてあるけれど、あの本には絶対にミルクをあとから入れると書いてある……。どっちが本当なの？」

「先生によっていうことが違うって、いったいどういうこと？」

「そもそも、紅茶の本は多いのに、なぜティーマナーについて書かれた本がないの？」

その答えを探すためには、自分でイギリスに行って確かめるしかない！

イギリスへの紅茶留学を決めた私は、紅茶の国に行きさえすれば、答えが簡単に見つかるだろうと信じていました。ただ、その考えも見事に打ち砕かれることになります。

なぜなら、イギリスでもティーマナーについて詳しく書かれている本などないし、人によって教えてくれることがまったくといっていいほど違ったのです。

マナーのベースになる鍵が【階級＝クラス】にあるということを理解するまでに、そこから長い時間を費やすことになりました。イギリスは今もなお、目には見えない階級社会というヴェールに包まれていて、暮らしてみて、はじめてわかることもたくさんありました。

イギリス人にとってマナーというのは、学校で教えてもらったり、本を読んで習得するものではなく、家庭の中で親から子へと伝えられ、代々継承されていくもの。

そして、そのマナーは階級ごとに異なっていて、さらに、それぞれのクラスの中でさえ細かく分かれている。おまけに、アッパークラスになればなるほど、それをたやすく口にはしない……。イギリスに行ってみてはじめて、壁が想像以上に高いということを思い知らされたのです。

英国流のマナーといっても、それがいったいどのクラスに通用するマナーなのかということが、実はいちばん大切なのです。

「イギリス人にはね、頭の中に階級探知機のようなものがあって、たとえ初対面であろうと、その人が発する言葉や所作を見れば、ものの数分で人となりがわかるものなのよ」

イギリスに紅茶留学をした際にお世話になったステイ先のマダム、エレナ夫人が口にしていた言葉です。

ケイトさんにはじめて会ったとき、エリザベス女王の探知機もピピッと反応したのかもしれませんね。

紅茶は好きだけれど、実は紅茶の味の違いはよくわからない。ティーマナーとなると、もっと自信がないというあなた。ある日、〝ER〟という王冠の刻印が入った招待状がポストに届くことを思い浮かべてみてください。

そんなドラマティックな出来事なんて一生ないと思っているかたも、その日を夢見てブラッシュアップを続けているかたも、いつどんなシチュエーションにおいても堂々と振舞うことができるマナーを身につけることができたら……、それはあなたにとって一生の財産になります。

もしも、エリザベス女王のお茶会に招かれたら?

そんな思いをめぐらせながら、ページをめくってみてください。

きっと、この本を読み終わるころには、あなたも素敵なレディに変身していることでしょう。

CONTENTS

もしも、エリザベス女王のお茶会に招かれたら？

Chapter 2
英国マダムに学ぶ正統派ティーパーティの開き方

Chapter1

女王陛下のお茶会でもOK！
本当のティーマナーとは？

英国式ティーセレモニー

英国スタイルのティーパーティ。

それはインビテーションカードが届いた瞬間からはじまります。

もしも、本当にあなたの元へエリザベス女王からティーパーティの招待状が届いたら、まず何から準備をはじめますか？

ドレス？　バッグ？　それとも帽子のオーダー？

その前に、まず日本の茶道を思い浮かべてみてください。実はイギリスのアフタヌーンティーは、日本の茶の湯への憧れからはじまったもので、このふたつを比べてみると、よく似たところがたくさんあるのです。そこで、ちょっと目線を変えてみてください。

茶道の正式なお茶会に招かれたときに心配になるのは、やはり着物のことよりも、まずはお作法に関してではないでしょうか。

日本の茶道にも、細かなお約束事が山ほどありますが、それをお手本とした英国式ティーセレモニーと呼ばれるフォーマルなお茶会にも、同じようにルールがあります。

けれど、イギリスで出会うほとんどのかたはこういいます。

「ティータイムに堅苦しいマナーなんてないわよ。お茶の時間を楽しむ、それで充分」

一方では、

「そう口にするのはね、マナーを知らない、マナーを必要としない階級、もしくはエリザベス女王だけよ」

という声も聞こえます。そう、ちょっぴり〝意地悪な世界〟でもあるのです。


英国式アフタヌーンティーが流行したのは、ヴィクトリア時代。もともとは、貴族階級から発祥した貴婦人の午後のお茶会です。その秘密のお茶会が広く知れわたり、一般庶民にまで浸透してくると、貴族側は自分たちにしかわからないルールや決まり事を作り、差別化をはかっていきます。

ティーマナーを必要としたのは、称号を持つ、ごくごく少数のかたがた。そして、女王陛下を頂点としたトライアングルを形成している狭い貴族社会の中においても、政治的な思惑や権力闘争といったダーティな争いの中で、実はマナーによる階級差別というものが行われていたわけです。

日本の茶道も、流派によってお作法に違いがありますが、イギリスでは階級によって

ティーマナーに違いがあらわれます。貴族には貴族の、庶民には庶民のマナーがあり、それぞれがそのソサエティの中でティータイムを楽しんでいるのです。

そのマナーをたやすく口にはしません。クラスが混ざってしまうからです。「一億総中流」といわれる日本人の私たちには理解することが難しい、イギリスならではの階級社会のしきたりなのかもしれません。

でも、大丈夫。安心してください。

日本人の私たちだって、誰もが茶道の心得があるわけではないように、イギリスでもマナーを完璧に習得しているかたというのは少ないのです。

そして、日本の茶道とイギリスのティーセレモニーにおいて、マナーの根底に流れているのもまったく同じ。思いやりの気持ちです。

マナーは決して堅苦しいお決まり事ではなく、同じ時間と空間をご一緒するかたへの優しさや心づかいからうまれた個々のたしなみです。

このChapter1では、お招きを受ける側、スマートなゲストとしてのマナーについてお話をしていきますね。

Invitation Cardが届いたら

「紅茶とバラの国」と呼ばれるイギリス。そこに暮らす人々は、本当に紅茶が大好き。朝のモーニングティーからはじまって一日に6～7回のティータイムがあり、まるで紅茶を飲みながら生活のリズムを刻んでいるかのようです。

そして、イギリスのライフスタイルに欠かせないものがティーパーティ。

フォーマルなパーティでもカジュアルなお茶会でも、招待状を受け取ったときの高揚感は忘れることができません。

その昔、郵便のシステムが発達していなかった時代には、正装をした執事が馬車に乗ってゲストの邸宅を

招待状からティーパーティが始まる

訪問し、インビテーションカードを手渡ししていました。招待状を受け取るというシチュエーションも、パーティの重要な演出なのです。

このインビテーションカードは意外とシンプル。白い一枚のカードに挨拶文などはなく、招待者名、主催者名、日時、場所、ドレスコードなどが簡潔に書かれています。

フォーマルな招待状は、プロトコール（国家間の公式儀礼）で決められたルールに沿って書かれています。プロトコールというのは、マナーの世界においての国際規格。言葉もしきたりも違う国を超えてのコミュニケーションを円滑にするための約束事のこと。マナーが個人レベルでの礼儀作法だとしたら、プロトコールは国を超えた世界共通のエチケット、そう考えてみてくださいね。

R.S.V.P.の意味

このインビテーションカード、下のほうを見るとR.S.V.P.という4文字が書かれています。何の略かおわかりですか？

すぐにわかったあなたは、パーティの達人。実は、英語で書かれているインビテーションカードでも、この4文字だけはフランス語。Répondez s'il vous plaît の略語で、「お返事をお待ちしております」という意味です。

「なぜここだけフランス語？」と疑問に思われるでしょうが、これは上流階級の共通語がフランス語だった18世紀ごろの慣習からきているもので、「パーティに参加するような教養人たるもの、たしなみとしてフランス語を理解すべきである」という特権意識からうまれた考え方です。

文字の下に住所が書かれている場合は手紙で、電話番号が書かれている場合は電話でお返事を出します。また、regrets only と明記されている場合は、欠席の場合のみご連絡します。

お察しのとおり、お返事の出し方にも約束事があります。日本の結婚式のしきたりのよ

うに敬称の部分を寿の文字で消す、なんていうややこしいものはありませんが、「喜んで出席いたします」「残念ながら出席できません」など、ＹＥＳ／ＮＯをはっきりとわかりやすく、三人称で書くというルールがあります。

そして、返信はなるべく早めにします。もし、日付が書かれている場合は、その日までにご返信くださいという意味なのですが、記載されていない場合でも、何日も経ってから返事をすることは失礼にあたりますので、ご注意を。

招く側は、なるべく早めに人数を確定して準備に入りたいはず。

「お返事はその日のうちにお出しするのがレディのルールよ」とマダム・エレナから厳しくいわれました。

エリザベス女王にご心配をおかけしては、いけませんからね。

ティーパーティのドレスコード

パーティの装いは、大切なマナーのひとつです。

まず、インビテーションカードに、ドレスコードが記載されているか確認してください。もし、服装の指定がある場合はそれに準じた装いで。「指定がなく不安……」という場合には、率直に主催者側に確認されるといいでしょう。

フォーマルウェアはロイヤルファミリーを基準としていますが、もちろん主催者や主賓のかたよりも目立つ服装や、あまりにも行き過ぎた装いもタブーです。

正式には、男性は昼間の礼服であるモーニング、女性はアフタヌーンドレスになりますが、実際には主賓以外のゲストに限っては、男性はダークスーツ、女性もフォーマルスーツというかたも多く見られます。

日本の皇室のかたがたが公式の場で身にまとう洋装は、英国王室をお手本としていますので、園遊会などの風景を思い浮かべてみるとイメージしやすいのではないでしょうか。和装もフォーマルウエアとなりますので、着物でアフタヌーンティーというのも粋ですね。

洋服に気を配るかたは多いのですが、決め手は靴。日常でも靴を履いて生活するイギリスでは、足下は非常に重要視され、初対面のときにもまず靴に目がいくようです。

エリザベス女王は、ドレスをオーダーした際には、共布で最低でも3足の靴をお作りになると聞いています。

靴はコーディネートの最終仕上げ。スパイスを上手にきかせながら、足の先までトータルコーディネートを心がけてみてくださいね。


何よりもティーパーティを華やかに彩るのは、帽子（Hat）でしょうか。

男性はトールハットを被ると一段と紳士的な装いになりますし、女性もドレスとコーディネートした帽子があれば、レディに変身、まるで映画のワンシーンのようです。

私がロンドンで暮らしているころ、バッキンガム宮殿で女王主催のガーデンパーティがあった日に、お茶会を終えた女王を偶然お見かけしたことがありました。はじめは車の中から窓を開けて手を振ってくださっていたのですが、そのうち人だかりができると、なんと車から降りて、その中のお一人に話しかけられたのです。

突然、目の前に現れた女王陛下に目を奪われ、ドキドキしてよく覚えていないくらいなのですが、印象に残ったのは、そのセンスのよさ。

帽子、アクセサリー、手袋、バッグ、靴にいたるまで、完璧なコーディネートの中にも、女性らしい繊細さを感じる上品な装い。まるで気品というオーラに幾重にも包まれているかのようでした。

そうそう、ティーパーティは屋外で行うことも多いので、エリザベス女王はお洋服に合わせて傘もコーディネートされています。お顔が隠れるのを配慮して、透明な傘にお洋服と同じ色の縁取りをした大きめのものを愛用されているのですが、この形がまたキュート。

雨の多いイギリスならではですね。イギリスの新聞や雑誌でも、お写真が公開されていますので、ぜひご覧になってみてくださいね。

センスのよさが光るエリザベス女王の雨の日のコーディネート
© Indigo/Getty Images Entertainment

TEA
TIME
COLUMN

エリザベス女王のお茶会

エリザベス女王のお茶会に招かれるなんていうドラマティックなこと、本当にあるのでしょうか？

宮殿に招かれてエリザベス女王とティーテーブルを囲んで……、なんていうシチュエーションは、王侯貴族や皇室でないかぎりないとしても、女王陛下主催のガーデンパーティに招かれるということは、そう珍しいことではないようです。

私の知り合いの中にも、エレナさんをはじめ、招待を受けたかたが何人かいらっしゃいますし、日本のかたでも出席したことがあるというかたもいらっしゃいます。

日本でいうと皇居で行われている園遊会のようなもので、社会貢献を認められた約8000人のかたが、毎回招待されます。招待される側には、ある日突然、王冠の紋章が入った1枚のカードが送られてくるだけ。取り立てて招待される理由や経緯などは書かれていないため、「受け取ってびっくり」ということもあるようです。

場所はロンドン・バッキンガム宮殿の庭園。ガーデンパーティというのは、庭を愛する英国人にとって最高のティーパーティなのです。ガーデンにはマーキーと呼ばれるテントがいくつも張られ、そこにサンドイッチ、スコーン、ペイストリー、アイスクリーム、チョコレートなどが並べられています。ロイヤルファミリー専用のマーキーに立ち入ることはできませんが、それ以外であれば立食スタイルのパーティ同様に、紅茶とともにティータイムを楽しみます。

さすがに主催とはいえ、エリザベス女王がポットを手にティーサービス、ということはありませんが、サービス係のかたがミルクやお砂糖などの好みを聞いていれてくれます。

ドレスコードやマナーもエリザベス女王とフィリップ殿下に準じますが、それほど堅苦しいものではなく、ロイヤルファミリーのかたがたも積極的にゲストとのコミュニケーションをはかってくださるようです。女王陛下の前では、左足を斜め後ろに引き、少し膝を曲げるカーテシー（curtsy）でご挨拶します。

このバッキンガム宮殿、毎年夏の間だけ一般公開されています。ガーデンパーティが開催される庭園も見学することができますので、ご興味があれば予行練習も兼ねて訪れてみるのもよいかもしれませんね。

マダムへの手土産は?

「ティーパーティに招待されたら、手土産は何がよろしいでしょうか?」

よく訊かれるということは、誰もが頭を悩ませることなのでしょう。そこでマダム・エレナに訊いてみました。すると答えは意外にも、

「何も必要ないわ。だって、お招きを受けたら、招き返すでしょ?」

なるほど……。エリザベス女王のお茶会にも、手土産は不要。もちろん女王陛下を招き返す勇気のあるかたは、そうはいらっしゃらないでしょうけれど。

日本には、お招きを受けたらお持たせを持っていく、という習慣がありますし、招き返すことができない事情もあるかもしれません。そんなときは、気の利いた手土産をセレクトしたいですよね。

そこで、英国流のパーティのマナーを参考に、持っていってはいけないものを挙げてみたいと思います。

まずは、生菓子。

日本では、生のケーキを手土産にお持ちすることが結構多いのですが、これがNGアイテムの中でも一番避けたいものです。

ティーパーティに招待しているわけですから、それこそ主催者側は食べきれないほどのお菓子を用意しているはず。そこに生菓子を持っていくということは、「あなたの家で出るお菓子は口に合わなくて……」というマイナスの意味に取られることもあるのです。

また、お菓子を手土産にした場合、マダムは準備していたものを取りやめて、いただいたお菓子を優先するかもしれません。そうなると、何日も前から考えていたメニュー構成まで変えなければならない、ということにもなりかねません。パーティ当日の冷蔵庫は食材や飲み物でいっぱい……という状況も、頭に入れておいてください。

どうしても召し上がっていただきたいお菓子がある場合には、日持ちのするものを選び、「ご家族と一緒に召し上がってください」という言葉を添えればスマートですね。

次に生花。これも日本では定番の手土産ですが、生菓子と同じで避けたいギフト。

マダムは、パーティのテーマやコーディネートに合わせて、お花を用意しています。テイストに合わないこともありますし、もしそれが花束だった場合は、急いで花瓶を用意して飾らなければなりません。ゲストをお迎えするいちばん忙しい時間に、マダムの手をわずらわせてしまうことになります。

本当に親しい間柄で、好みや趣味をよく把握しているという場合は、あらかじめ申し出たうえで、アレンジメントを事前にお届けするという方法もあります。

そんなときも気をつけたいのが、お花のセレクト。

お花には花言葉やいろいろな意味があり、国によってタブーとされる組み合わせもあります。ちょっぴり不安という場合は、自分の感性だけでセレクトするよりも、プロのかたにアドバイスをいただきながら一緒に決めていくといいかもしれません。


雑貨やＣＤといった、人それぞれ好みが違うものも悩みますよね。

「いったい何がいいのかしら……？」

そう思ったら、チョコレートです。

イギリスだけではなく、欧米の手土産の定番は、なんといってもチョコレート。デパートの売り場を眺めてみると、なぜこんなにたくさん？　と驚くほどのアイテムがあります。美しい箱の中に宝石のように並べられたボンボンは、一年中大活躍のギフトです。

ただ、パーティ当日、マダムのテーブルにはチョコレートの山ができていた、なんていうこともありますので、忘れずにメッセージカードを入れておいてくださいね。

手土産の定番はチョコレート

訪問は5分遅れで

インビテーションカードには、パーティのスタート時間が書かれています。

あなたなら、何時ごろ到着するように家を出ますか？

おそらく、余裕をもって着くように時間を調整し、身支度をされるのではないでしょうか？

日本のお茶会に招かれた場合、通常15～20分ほど早めに到着するようにして、礼装用の足袋に取り替えて、気持ちを整えます。

ただ、これはあくまでも日本式のマナー。

英国式のパーティでは、5分から10分ほど遅れて訪問するのがスマートといわれています。これは、お迎えする側の立場を気づかっての約束事。パーティの準備は、たとえ手慣れたマダムであっても時間に追われるもの。その5分がマダムにとって気持ちのゆとりへとつながります。

特に家庭でのおもてなしの場合は、約束の時間より早く到着することは、逆に失礼に受け取られてしまいます。それを知らず、イギリスに来てはじめてパーティに招かれたという友人が、嬉しさのあまり20分も前にベルを押してしまったそうです。出てきたのは、なんとエプロン姿にレードルを持ったマダム。

「ポストマンかと思って、出てしまったわ……」

と驚かれ、寒い中、外で待ちぼうけをくらうはめになった、と苦笑いしながら話してくれました。

席順に隠された暗黙のルール

いよいよ、ティーパーティのはじまりです。

大人数のパーティの場合、ゲストにウェルカムの気持ちを込めて、主催者が入口でお出迎えくださることがあります。この立礼《りつれい》のことをレシービングラインといいます。ラインがある場合は、列に並んでご挨拶をします。ポイントは流れに乗ること。アイコンタクトをしながら軽く会釈を交わす程度で充分、視線で感謝の気持ちをお伝えします。

少人数で着席型のティーパーティの場合は、席順がとても大切になります。たまたま自分の好きな席を選んで座ったつもりが、日本の茶道でいう「お正客《しょうきゃく》」の席だったなんていうことになったら大変。自分がどのような立場で招待されているのかを考えながら判断しましょう。

正式なティーセレモニーは、ドローイングルームという専用の部屋で行います。ドローイングルーム＝Drawing Room 退出するという意味から名付けられたこの部屋は、ディナーのあとに女性ゲストがお茶を愉しむために作られたもの。マダムを中心としてテーブ

ルを囲むのですが、座る位置に関しては、茶道とよく似ていて、同じように上座・下座という考え方があります。まず、じっくりとお部屋を見渡してみてください。

中央にはマントルピース（暖炉）があります。これは、日本のお茶室でいう床の間。とっても大切な場所で、この暖炉を中心としてティーテーブルとソファがセットされています。そして、掛け軸にあたるのは、窓という額縁から広がるお庭の風景。なぜなら、イギリス人にとって美しいガーデン風景こそ、どんな高価な絵画にもまさるものだからです。ということは、暖炉に近く、お庭が見渡せる席は、上位席。入口側が末席ということになります。かといって、末席に座ればいいというわけでもありません。この場所は、茶道でいう末客、セレモニーがスムーズに運ぶようにサポートをする役割のかたが座る場所です。

マダムの右手側が第一主賓席。その右隣が第二主賓、茶道でいう次客といったところでしょうか。そして、テーブルをぐるりと一周して、マダムの左手側がお詰めさん役のコ・ホステス。

上位席になるほど緊張が高まっていくので、なるべく末席近く……と思いがちですが、年齢も席次に関わることをお忘れなく。そこからはＴＰＯに合わせてご判断ください。

※お詰めとは……亭主を助けて、正客への茶碗の取り次ぎ、待合、その他あと始末に気を配り、茶事を円滑に進める役。

主賓とコ・ホステスの役割

英国式のティーセレモニーには、日本の茶道と同じように役割分担があります。茶会でいう亭主にあたるのがホステス。この本では、日本語でのイメージからあえてマダムという表現を使っていますが、英国ではおもてなしをする側の男性をホスト、女性をホステスと呼びます。

そして、ホステスの手助けをするのがコ・ホステス。茶事でいうと、半東《はんとう》さんやお詰めさんというイメージでしょうか。末席に座り、お茶会が円滑に進行の手助けをするという役割で、マダムを全面的にサポートするとても大切なお役目にあたります。

たとえば、英国式のティーパーティの際には、「マダムはなるべく席を立ってはいけない」というお約束があります。そんなときに、マダムが席を立つ必要がないように、マダムにかわって行動するのもコ・ホステスです。

もし、コ・ホステスに選ばれたら、当日は早めに行ってお手伝いをしたほうがよいかをマダムにうかがい、ほかのゲストよりも先に到着するようにします。

ティーパーティがはじまったら、マダムがゲストのかたに完璧なおもてなしができるように、マダムをたてつつ、目が行き届かないところへの細かな気配りを心がけます。

席としては下座になりますが、あくまでもゲストの一人。マナーの心得もあり、人間関係を熟知した、茶事万端に通じたかたがつく位置。

マダムからの信頼も篤い栄誉あるお役目ですので、お声がかかったら喜んでお受けし、マダムをサポートしてみてくださいね。


そして、もしあなたがティーパーティの主賓に選ばれたら……。たとえ女王陛下のお茶会でないとしても、それはちょっとした非日常、ドラマティックな出来事です。

茶道でも、正式な茶会でお正客に選ばれたりしたら、「お着物どうしましょ？ お作法は大丈夫かしら？」と、嬉しい気持ちの中にも、さまざまな不安がよぎるのではないでしょうか。それと同じで、ティーパーティの主賓にお声がかかった日には、装いの準備から、マナーのおさらい、マダムや他のゲストへの気配りにいたるまで、やるべきことが山積み。その瞬間から、カウントダウンがはじまります。

主賓というのは、その日のお茶会においての、いちばん大切なゲスト。おもてなしを受ける側の中心となります。マダムに席がいちばん近いため、会話や流れまでも、主賓のかたによって変わってくることもある、とても重要なポジションです。

それだけに、必ず事前にマダムからお知らせがあります。「当日行ってみたら、いきなり主賓だった……」ということは、意地悪でもないかぎりはありません（アフタヌーンティーが流行したヴィクトリア時代には、貴族の中で本当にそういうこともあったようです。ちょっと怖いですね）。

また、主賓に選ばれたら、できるかぎり他のゲストのかたについての情報を事前に調べておきます。たとえ初対面であっても、お会いしたときに顔と名前が一致するように、そして趣味・嗜好くらいはインプットして席につきなさいといわれ、それは茶道のお正客になるよりも大変そう……と驚きました。

お茶会の雰囲気を決めるキーパーソンでもありますので、内心ドキドキして席につくことになりますが、そつなくスマートにこなせたら素敵ですね。

秘密の約束事

いよいよ席につき、ティーパーティのはじまりです。

セレモニーの主役はマダム。お茶をいれる準備がととのったら、スタートの合図です。

一杯目のお茶はウェルカムサービスといって、マダムが一人ひとりにご挨拶と歓迎の意味を込めて、お声がけをしながらお茶を注ぎます。

「ようこそいらっしゃいました。本日は中国系のお茶とインド系のお茶をご用意しておりますが、ど

キャラクターの異なる茶葉3種

ちらになさいますか?」

第一主賓のかたは、マダムからお茶の好みを訊かれます。

「中国系でお願いいたします」

お答えすると、次にお茶の濃度の好みや、ミルク・お砂糖の好みを訊かれます。このようにして、全員に同じようにうかがいます。そのときに、各自がバラバラのお茶をお願いしたら、どうなると思いますか?

第一主賓は中国系で薄めの砂糖入り、第二主賓はインド系の濃い目でミルクとお砂糖両方、第三主賓は……、など全員の細かなリクエストにこたえて瞬時に対応するのは、カリスママダムであっても至難の業ですし、そもそも人数分のポットを用意しているわけではありません。

ここで、あなたが第二主賓だったら、どのようにお答えしましょう?

スタバの常連客のように、

「チャイラテトールで、ダブルミルク!」

なんて、自分の好みを全面に押し出してマダムに注文をしてはいけません。このような場合には、

「主賓のかたと同じでお願いします」

とお答えするのが暗黙のルール。それが、ゲストとしてのマダムに対する思いやり＝マナーなのです。

いうなればここは次客の席。それなりのマナーの心得と、場の空気を読む力が必要です。

それ以降の席のかたは、左にならえ、同じように振る舞えばいいというわけです。

ということは？　おわかりでしょうか、お茶の選択を求められた場合の決定権は第一主賓にあって、このかたが選んだお茶を全員でいただくということになります。

そこで注意したいのが、お茶セレクト。あなたが中国系のお茶が好きだとしても、中にはクセのあるものも多いですよね？　ですので、自分の好みのお茶を単純にリクエストするのではなく、ゲストのみなさまが揃って美味しく愉しくいただけるお茶をセレクトしなければならないという立場でもあるのです。

なんだか窮屈だわ～と思うかもしれませんが、これも流儀。このあとマダムは亭主のごとく、みなさまの前でティーメイクをはじめるのです。

TEA
TIME
COLUMN

英国マダムのティーポット

紅茶留学中、イギリスでステイしていた家のマダム、エレナさんは、普段2種類のティーポットを使い分けていました。普段使いにはベティーズポット。イギリスの家庭のキッチンでよく見かける定番のティーポットです。コロンとした丸い形がジャンピング（ティーポットの中で茶葉が浮き沈みを繰り返すこと）を促し、茶しぶが目立ちにくいように濃い茶色をしています。ちなみに、マダムが使っていたのは18世紀から作られているという、ストーク・オン・トレントの赤土を使った大人気のブラウンベティーですが、最近はブラウンよりも、ポップでカラフルな色合いのものが人気とのこと。時代の変化こそあれ、ベティーズポット＝家族でテーブルを囲むアットホームなお茶時間、というイメージは今もなお受け継がれているようです。

おもてなし用に使っていたのが、マッピン＆ウェッブ社のシルバー製ティーポット。大量の紅茶を入れても安定感があり、蓋もしっかりと固定され、注いだときのキレも抜群。なおかつ保温性にも優れ、シンプルなデザインで飽きがこない……という理由で、かれこれ30年以上愛用しているとのこと。

ちなみに、どちらも2つずつお持ちで、1つはノーマルなガーデンティー用、もう1つは個性の強いフレーバードティー用と、使い分けていました。というのは、どんなに丁寧に洗っても、香りがポットに残ることがあるからです。

イギリスでは、食器を洗うときに洗剤にサッと通すだけ、さらにその泡も流さないことは有名ですが、ティーポットも同じくゴシゴシと洗いません。特に内側は流す程度なので、アンティークのポットなどは、中を開けると真っ黒でビックリ！ということもよくあります。ただ、「それが紅茶の味に深みが増す美味しさの理由よ」と聞いて二度ビックリ。実は、お茶の故郷・中国にも同じような考え方があり、新しいポットを買ってきたら、わざとお茶をいれて茶器に浸透させるといいます。「お茶でポットを育てる」のだとか。その習慣までも、ティーロードを伝ってイギリスに渡ったようです。

ブラウンベティー

ナプキンを広げる前に

マダムがお茶をいれはじめたら、主賓のかたからティーナプキンを取ります。

このナプキン。日本には日々の生活にナプキンを使う習慣がないせいか、驚くようなマナーがよく目につきます。

まず、絶対にしてはいけないことが、自分の持ってきたマイナプキンを広げること。日本人の女性に多く見られるのですが、席につくなり、自分のバッグの中からフェイラーのタオルハンカチなどを膝に広げるかた、これはNGです。

まず、自分で用意したリネンを出すということは、「あなたのおうちのナプキンって、洗っているか洗ってないかわからなくて、使う気になれないわ」という意思表示にとられてしまう場合もあるからです。

そして、ハンカチやタオルというのは、欧米人にとっては、清潔なものという概念がありません。どちらかというと、汗を拭ったり、男性などは鼻をかんでそのままポケットに……なんていうシーンも街中でよく見かけます。衛生観念の違いは、マナーという

よりもエチケットに入りますので、覚えておいてくださいね。

このティーナプキンは、お食事の際にレストランで出てくるナプキンとは扱いも違います。サイズも、ディナー用、ランチ用、ティー用、カクテル用とだんだんと小さくなります。

お食事用のナプキンは40～50㎝と大きいので、輪を手前にして1／3を折り込み、内側で汚れを拭きます。ティータイム用のナプキンは、20～30㎝とハンカチサイズ。三角形に折ってありますので、1／2に折った状態で輪を内側にするか、本当にミニサイズの場合はすべて広げます。

そして、使い方も要注意。

イギリスでティーパーティに招かれると、このナプキンの間にペーパーナプキンが挟んであることがあります。というのも、ティーナプキンの素材は、レースやオーガンジーといった繊細な素材が多く、扱いに気をつかうもの。そこで、マダムがゲストへの心配りとして、ペーパーナプキンを重ねてくださることがあるのです。

それを知らずに勢いよく広げてしまうと、ヒラヒラ～と紙ナプキンが床に落ちる……なんていう光景になりかねませんので、ナプキンを広げる前には、まず中をチェック。もしペーパーナプキンが挟んであったら、ナプキンの下に隠して広げ、目立たないように使ってみてください。

ただし、このペーパーナプキンはないことも多いので、バッグの中にしのばせておくとエレガント。ホテルやレストランならともかく、家庭でのおもてなしでは、せっかく用意してくれたお気に入りのティーナプキンにバターや口紅をつけるというのは、誰だって気が引けるものですからね。

日本の場合、お懐紙という素敵な文化がありますので、こちらもおすすめ。

四季折々の柄の入った懐紙を目にすると、イギリスのかたはとても興味を持たれ、ちょっとしたお土産としても大変喜ばれます。

このペーパーナプキンやお懐紙ですが、使った後の扱いも茶の湯と同じ。お皿の上に残っているジャムや、カップについてしまった口紅などは、見えないようにさっと拭き取り、忘れずに用意した持ち帰り袋におさめて席を立ちます。

女性のたしなみとして、スマートに使いこなしてみてくださいね。

エレガントな紅茶のいただき方

エレガントなティータイムの立ち居振る舞いは、まず姿勢から。

美しい身のこなしは上半身がポイントです。背筋をのばし、上から引っ張られているような感覚で座ってみてください。そのとき、おへその下あたり、丹田《たんでん》と呼ばれる部分に力を入れると軸が定まり、姿勢を保つことができます。

そして、すべての所作をゆっくり、ひとつひとつ丁寧に行います。なるべく音を立てずに、指先を揃え、どんな動きもゆっくりと行うことを心がけましょう。

マダムがお茶をいれてくださったら、主賓のかたから順番にティーカップ&ソーサーを手渡しで受け取ります。

このとき、両手で受け取りお辞儀をするのというのは、日本式の所作。相手との位置関係によって、どちらか一方の手で受け取り、もう一方の手は添える程度にするほうがスマートです。

ミルクやお砂糖を入れる際には、ティースプーンで音を立てずに2、3回軽くまぜ、カップの向こう側に置きます。

ちなみに、ミルクはあとから入れるのがアッパークラスのお作法といわれています。アフタヌーンティーでいただくような紅茶は、ダージリンやキーマンといった繊細なものが多く、ミルクを入れるというよりも、茶葉の持つ本来の風味を味わうものです。まずはストレートで香り高い紅茶を味わい、濃くなったところでそろそろミルクを……そう思っても、決してなみなみ注ぐのではなく、あとからほんの少しだけ入れる程度。どこまでも気品を追求するのが、ティーセレモニーの流儀というわけです。

ティーカップを持つのは右手。ローテーブルの場合、ソーサーごと胸の高さまで持ち上げ、左手でソーサー、右手でカップを持っていただきます。高いテーブルの場合は、ティーカップ&ソーサーのカップだけを持ち上げ、ソーサーには触れてはいけません。テーブルがな

美しい姿勢を心がけて

い場合や、立食のティーパーティの場合も、必ずソーサーを持ちます。

さて、茶道ならここで「頂戴いたします」とご挨拶してお茶をいただきますが、イギリスにはそのような言葉はありません。あなたなら、どのタイミングでお茶を飲みはじめますか？

中には、自分のところにお茶がまわってくると、すぐに飲みはじめてしまうかたもいますが、これはＮＧ。マダムから「どうぞ、温かいうちに召し上がってください」とお声がけがあったら、まず主賓のかたがティーカップを持ち上げます。そして、口をつけた瞬間がスタートの合図となります。

このとき、カップを目の高さまで持ち上げて乾杯のような仕草をしたり、小指を立てる、日本式に底を左手で押さえる、というかたも結構いらっしゃいますが、すべてタブーです。

また、女性の場合、のどを見せるのはエレガントな所作とはいえませんので、顔ではなくカップを傾けるように心がけてみてくださいね。

指先にあらわれる品性

ティーカップを持つ女性の指先から、その人の幸福感が伝わるといわれています。「レディは手を見ればわかる」といわれるように、やはり指先の美しい女性からは品性が感じられるものです。

ヴィクトリア時代、上流階級のマダムは常に手袋をしていたといいます。それは、【私は家事炊事いっさいをしない身分です】という証し、なんとアフタヌーンティーの間も手袋は外さなかったそうです。素手でティーカップを持つことがマナー違反だったという階級も存在したというから驚きですね。白く美しい手を隠してしまうなんて、もったいないような気もするのですが。

紅茶をいただく所作の中でも、大切なのは手や指先の動き。あなたは普段、どのようにティーカップを持っていますか？

ポイントは、カップのハンドルの持ち方。

日本で紅茶の勉強をはじめたころ、ハンドルに指を通さないのがマナーだと習いました。けれどイギリスでは、多くの人が「そんなこと聞いたこともない」といいます。

ここにも階級が絡んでいたわけです。

ほとんどのかたはハンドルに指を通してティーカップを持ちますが、このときの、親指・人差し指・中指の位置などでも階級がわかるといわれるくらいです。

アッパークラスのかたはハンドルに指は通さずに、つまむようにして持ちます。

理由はいくつかあるのですが、実際に〈握る〉と〈つまむ〉という所作を見比べてみると一目瞭然です。鏡を見ながら、カップを少し上のほうから持ち上げる感覚でつまみ、親指でハンドルの手前をさえながら、ほかの指を揃えてみてください。

このとき指先はピンとはるのではなく、ふんわりと包み込むような感じです。いかがでしょう、指先まで美しく、女性らしく洗練された所作に見えませんか？

ハンドルに指を通さない所作が優雅さを醸し出す

もともと紅茶がイギリスに入ってきたころ、ティーカップにハンドルはついていませんでした。ティーボウルと呼ばれる小さな茶器で貴重なお茶を飲むという時代が長く続き、ハンドルがつけられるようになった初期のころも、ハンドルそのものが小さく、指を通すというよりも、つまむものだったようです。

けれども、今はティーカップも大きくなり、たっぷり紅茶が入ったカップを、無理につまんでいただこうとすると、バランスを崩してこぼしてしまうこともありますよね。もしもそんな粗相をするくらいなら、大きなハンドルの場合は指を通して、しっかりと持ったほうが逆にエレガントなのでは？　とマダム・エレナもおっしゃっていました。

ただ、その美しいマナー違反をしながら、こう付け加えて。

「でもね、もしエリザベス女王がティーポットを持って紅茶をいれてくれるようなお茶会に招かれたら、どんなに大きなカップであろうと、ハンドルをつまんでいただくのよ」

銀の3段スタンド、どこからいただく？

お茶が入ったら、次にお待ちかねのティーフーズが運ばれてきます。

英国スタイルのお茶会というと、まず思い浮かべるのが3段になったアフタヌーンティースタンドではないでしょうか？

光輝くシルバーのスタンドに、気品高く並べられたサンドイッチ、繊細なペイストリー、そして焼きたてのスコーン。運ばれてきた瞬間、気分もクライマックスに達します。

ただ水を差すようなのですが、マダムが主催する邸宅でのフォーマルなアフタヌーンティーでは、あの3段スタンドをテーブルの上にのせて、みんなでお菓子をつまむというスタイルを目にすることはありません。

あの光景は、どちらかというと自宅以外のホテルやティールームで行われるアフタヌーンティーのスタイル。ヴィクトリア時代にはじまったフォーマルなティーセレモニーでは、シルバーのフラットプレートを使い、マダムが一皿ずつサービスします。

とはいえ、日本ではあのスタンドこそアフタヌーンティーの象徴というイメージが強くありますし、食べ進める順番やマナーは一緒ですので、ここでは3段スタンドを使った場合のお作法についてお話をしますね。

この、スタンド。日本では3段トレイと呼ばれることもあるようですが、英国では2段のものをTWO TIER STAND、3段のものをTHREE TIER STANDといいます。

そして、このスタンドを使うときにもお約束事があります。

まずは並べ方ですが、3段スタンドのいちばん下から、

＊BOTTOM TIER　サンドイッチ
＊MIDDLE TIER　生菓子
＊TOP TIER　焼き菓子

の順番にプレートがセッティングされています。

「これは何の順番なの？」というと、そのまま食べる順番に下からセットされているわけです。ここで疑問がわきます。主役のスコーンはどこ？

そうなのです、ティータイムの主役であるスコーンは、焼きたてのものを温かい状態でサービスするという決まり事があります。

もし、はじめからスコーンをのせて持ってきてしまうと、せっかく焼きたてでも、食べはじめるころには冷めて固くなってしまいますよね。ですので、本当にフォーマルな場合、スコーンがはじめからスタンドに並べられているということはありません。

では、いったいスコーンはどのように登場するのでしょうか？

スコーンは、スタンドとは別に専用の器にのせてサービスされます。よくフレンチレストランなどに行くと、お料理が銀の丸いドーム型の帽子を被って出てくることがありませんか？　あの小ぶりなものがスコーン専用の銀器として作られています。

また、3段スタンドにこのドームが付属されたものもあります。この場合、

＊BOTTOM TIER　サンドイッチ
＊MIDDLE TIER　ペイストリー（生菓子・焼き菓子）
＊TOP TIER　スコーン

とセットしますが、食べる順番はサンドイッチ、スコーン、ペイストリーです。

なぜトップにスコーンを置くのでしょう？　それは、あつあつのスコーンの蒸気が伝わり、生菓子のクリームが溶けてしまったり、熱で焼き菓子が乾燥するのを防ぐためです。

食べる順番にセットされた３段スタンド

ただ、ホテルなどでは必ずしもこの順番通りにセッティングされて運ばれてくるわけではありません。

いちばん見栄えのよいものを上に置くデザイン重視のセッティングだったり、お菓子の形状や温度によって変えたりと、見事にバラバラ。

ですので、下から順番、あるいは下・上・中など、位置で覚えると危険。食べ進める順序を頭の中にインプットしましょう。

せっかくだからスコーンが温かいうちに……と焼きたてのスコーンからいただいたら、

「サンドイッチはお口に合いませんか？」

なんてレディに対して意地悪をいう人はいませんが、どんなセッティングで出てきたとしても、これからは慌てることなく、スマートに召し上がってくださいね。


そして、この順番、逆戻りしてはいけません。

サンドイッチを食べて、スコーンを食べて、ケーキも食べて……。また塩気のものが欲しくなったからサンドイッチに戻る、というのは、正式にはＮＧ。

たとえば、ビュッフェ会場を思い浮かべてみてください。あなたは何から食べはじめますか？　ビュッフェというのは、好きなように食べることができますが、いきなりデザートから食べはじめるのはタブーですよね。やはりコースの順番にそって食べ進めるのがマナーです。

アフタヌーンティーの場合も、同じこと。

一皿ずつサービスするフォーマルなスタイルの場合は、サンドイッチを食べ終わると、そのプレートを下げて次のお菓子に進みますので、戻りたいなと思っても、戻ることはできません。それが、アフタヌーンティースタンドにのせられて一度に出てきてしまうと、ビュッフェと同じ感覚になり、順番はおろか、すべてのものを好きなように食べてしまいがちです。

最近では、サービスする側も知らないということがありますし、カジュアルなティーパーティの場合などは、さほど気にする必要もないのですが、知らないよりも知っていたほうが、スマートな立ち居振る舞いができます。また、基本的なお食事のマナーが身についていれば、自在にアレンジしたり、ときには、あえてマナーを破る余裕もうまれてきます。その場に合わせて、あなたらしくマナーを操ってみてください。

ティーフーズをいただくのは右手？　左手？

ティーフーズが一皿ずつサービスされていく場合、マダムから第一主賓にプレートが手渡されます。もし、アフタヌーンティースタンドが使われている場合も、直接手をのばして口に運ぶのはマナー違反。必ず自分のプレートに取り分けてからいただきます。

スタートはサンドイッチから。

サービスプレートがまわってきたら、自分の食べる分だけ取り分けて、ハンドリングしてまわしていきます。隣の人の分まで取り分けたり、ほかのゲストに配り歩いたりする必要はありません。

専用のサンドイッチサーバーなどが添えられていることもありますので、取り分ける方法や量は、マダムや主賓にならいます。

よくサンドイッチなどには、乾燥を防ぐために上にレタスなどの野菜がのっていることがあるのですが、この扱いについても上位席のかたの所作を見て判断します。

たまに、自分の好きなお菓子がまわってくると大量に取ってしまうかたがいますが、それもマナー違反。ゲストの数とバランス、自分のお腹と相談しながら取り分けます。

フォーマルなティーパーティの場合は、フィンガーサイズの小ぶりなものが出てきますので、その場合、ナイフ、フォークは使わずに指先でつまんでいただきます。

さてここで問題。ティーフーズをいただくのは右手？　それとも左手？

正解は左。なぜかというと、カップを持つ手は右手ですので、その右手でサンドイッチやお菓子を食べて、またカップを持ったらどうなりますか？

そう、手についた油脂などでハンドルを汚してしまいますし、手も滑りやすくなるので、お茶をこぼしてしまうということにもなりかねません。ですので、お茶を飲む手は右、食

ティーフーズは左手でいただく

べものを食べる手は左、と使い分けをしているというわけです。

あなたは普段、どちらの手でお菓子をつまんでいますか？

きっと、右利きのかたは右手で食べていることが多いと思いますが、ぜひ今日から左でいただく練習をしてみてください。イギリス人は、左利きのかたも多いのですが、紳士・淑女は小さなころから【ティーカップは右、食べものは左】と教えられていて、小さなレディでも本当に美しい所作をしていて驚かされることがあります。

大人になってからそんなことをいわれても上手くできないわ……。

最初はそう思いますが、それが逆にいいのです。なぜなら、右手のように上手く動かない分、「指先まで揃えなきゃ」と神経をつかい、丁寧な所作になるため、女性らしくエレガントに見えるのです。

指先は視線が集まる場所、ぜひ鏡の前で練習してみてくださいね。

きゅうりのサンドイッチは、最高のおもてなし

アフタヌーンティー用に食べやすい大きさに切ったフィンガーサンドイッチ。フィリングの種類もいろいろありますが、この中に【テーブルの上の貴婦人】と呼ばれるサンドイッチがあります。さて、どれだと思いますか？

「う〜ん、イギリスだからやっぱりローストビーフかしら？　それともサーモン？」という声が聞こえてきそうですが、なんと正解はきゅうりのサンドイッチ。

「えっ、きゅうり？」と不思議に思われるかもしれませんが、キューカンバーサンドイッチは、格式高いアフタヌーンティーに欠かせないものなのです。

これにももちろん深い理由があります。

アフタヌーンティーが発祥したヴィクトリア時代。きゅうりはとても貴重でした。そこで、フランスの貴族が、豊かさの象徴としてオレンジを育てるためのオランジェリーという専用の温室を作ったように、イギリスの貴族は、庭にキューカンバーを育てるためのグリーンハウスづくりを競って行ったのです。

そのきゅうりを使ったサンドイッチこそ、最高のおもてなしだったというわけです。

「今日はあなたのために、その貴重なきゅうりだけでサンドイッチを作りましたよ」

要はステイタスシンボル。しかも、なんらかの都合できゅうりのサンドイッチを出すことができなければ料理長のクビがとぶ……ということもあったとか。

その名残りで、今でも正式なアフタヌーンティーの場合には、このキューカンバーサンドが必ず登場します。「あら？ ほかの具材入れ忘れちゃったのかしら？」なんて思わないでくださいね。

甘くて粉モノばかりのティーフーズの中で、さっぱりとみずみずしいキューカンバーは、格別の美味しさに感じるから不思議です。

ただし、イギリスのきゅうり＝キューカンバーは、見た目も味も日本のものと比べると、だいぶ違いますのでご注意を。

故ダイアナ元妃も大変お気に入りだったキューカンバーサンドイッチ、イギリスに行ったら、ぜひ召し上がってみてください。

スコーンにナイフを入れてはいけない？

ティータイムのお菓子は、手でつまんでいただくことも多いため、カトラリーはティーナイフだけという場合も多くあります。ティータイムに使用するそのナイフ、よく見ると刃がついていません。

そう、カットするためのものではなく、どちらかというとバターナイフのような役割、

ティーナイフはジャムやクリームを塗るためのもの

塗るためのナイフなのです。たまに日本の女性で、ナイフ＆フォークを左右に持ち、スコーンを切って召し上がっているかたを見かけますが、お上品に食べているつもりでもマナーとしてはＮＧです。

スコーンのいただき方にもお約束事があります。スコーンは温かい状態で出てきますので、まずはふたつに割ってみてください。そういうと、ナイフを使って中央から左右に切り分けるかたがいらっしゃいますが、この場合は上下に割るのが正解。しかも、このときナイフは使いません。

スコーンの語源は「聖なる石」。神に近い存在ともいわれていますので、「神聖なスコーンにナイフを入れるというのは失礼」と考える人もいるからです。実際にスコットランドの小さなティールームに行った際に、スコーンにナイフを入れている若いかたに対して、おばあちゃまが注意をしている光景を目にしたこともあります。

上手に焼けたスコーンというのは、狼が口を開いたときのような形状をしていますので、上下を手で押さえながら口の中央あたりを押すと、きれいにふたつに分かれます。ただし、スコーンにもいろいろな形状があり、大きなものや丸いもの、割りにくいものもありますので、その場合はナイフで切れ目を入れてから割ってみてくださいね。

そこに、ジャムとクロテッドクリームを塗っていただきます。クロテッドクリームというのは、ジャージー牛のミルクの上澄みを固めた濃厚なクリームのこと。スコーンをいただくときには欠かせません。

このときにも、イギリスではジャムが先かクリームが先かという話になるのですが、通常はジャムファーストといって、まず先にジャムを塗り、その上からクリームを塗って、口に運びます。

もし先にクリームを塗ってしまうと、スコーンの熱でせっかくの美味しいクリームが溶け、バターのように中に入り込んでしまうから。「どちらが先だったかしら？」と迷ったら、その理由を思い出してみてください。

そして、フォーマルな場では、ジャムもクリームもベタ塗りは厳禁。大きくてふわふわのスコーンに、ジャムとクリームをたっぷり塗って、またまた大きな口で食べるのも最高なのですが、もしもエリザベス女王のお茶会に招かれることがあったら、一口サイズに小さく割ったスコーンを上品に口に運んでくださいね。

少しだけ残しておくのもマナー

アフタヌーンティーは食べきらないこと

「こんなにたくさん食べきれないわ〜」

あの3段スタンドを前にして、よく聞こえてくる言葉です。

実はこのアフタヌーンティー、食べきってはいけないのです。

なぜかというと19世紀、アフタヌーンティーが流行《はや》りはじめた時代に、貴族の間には、

「ティーフーズは食べきれないほどお出ししなければならない」という約束事がありました。その名残りで、今でもアフタヌーンティーに行くと、たくさんのティーフーズが並んでいます。それを最後の一皿まできれいに食べきってしまうと、暗に「あなたは、私が食べきるくらいしか、おもてなししてくれなかったのね」というメッセージになってしまうのです。

イギリスでも、本当にフォーマルなサービスをするホテルのアフタヌーンティーなどでは、もう少しでティーフーズがなくなるな……というタイミングで、フルに盛りつけたプレートとチェンジしてくれることがあります。

これは最後の一皿の焼き菓子のみの場合もあれば、サンドイッチが終わりそうになったら、また同じプレートが運ばれてきてびっくり……なんていうこともありました。

どちらにしろ、食べきった状態で席を立たせない、というのがサービスをする側のプライドなのだということでした。

最近では、そこまでのサービスをするホテルもなくなりつつありますが、間違っても、「こんなにいただけるなら」とこっそり包んで持ち帰ったりはしないでくださいね。

家庭でのおもてなしの際には、最後は少しだけ残して、「食べきれないほど用意してくださって、ありがとう」とひとこと、スマートに席を立ってみてください。

絶対にしてはいけないこと

「日本人の女の子って、どうしてカップの裏がそんなに好きなの？」

イギリスでよく聞かれたことです。

カップの裏側をちょっと拝見……日本式にいう、この茶器拝見の儀式。私たち日本人は、器を持って食事をすることに慣れているので、抵抗なく食器に触れますが、西洋のマナーでは必要以上に食器に手を触れてはいけないもの。まして、カップやソーサーをひっくり返して裏まで見るなんていうのは、イギリスのかたにはまったく理解ができないようです。

「あなたには口があるのに、どうしてそんなことするの？」

と、不思議そうにたずねられます。

そう、素敵だわ〜と思ったら、まず口に出して褒めてあげて、ということなのです。

ティーパーティにお出しするカップひとつとってみても、マダムはあれこれとゲストのことを考えながら、お気に入りのカップをセレクトし、テーブルに物語を作りあげています。

そこで、「素敵なカップですね、どちらのものですか？」とおうかがいするのも、マダムに対してのマナー。その質問をきっかけに、カップを選んだ理由や、テーブルに秘められたストーリーをマダムが語りはじめるというのも、ティータイムの大切なコミュニケーションのひとつなのです。

日本の茶道にもありますよね、「結構なお道具でした、お形は？　お窯元は？」という拝見問答。あのお作法に通じるものと考えてみてください。

ただし、日本式の茶器拝見、英国式ティーセレモニーにはタブーです。

ここまでいろいろなマナーについてお話をしてきましたが、最後に、絶対にしてはいけないことをひとつ。それは音を立ててお茶を飲むことです。

「え〜？　私はそんなことしていないわ」と思っていても、ぜひ一度、親しい人に確認してみてください。お気づきになっていないのか、意外にも……というかたが結構多いような気がします。

というのも、日本の茶道では最後に空気を含ませ、音を立ててお茶をいただきますし、おそばなどをすするという習慣もありますので、無意識に音が出てしまっていることがあります。

この音、イギリス人をはじめ西洋のかたにとっては、まさにゾッとする音といわれ、生理的に受けつけないようです。周囲に不快な思いをさせるという理由で、日本人のグループを隔離しているホテルまであるくらいです。

同じように、脚を組む、靴を脱ぐ、肘をつく、髪をかきあげるなどの行為も、くつろいだ瞬間に、ふと出てしまうことがありますが、マダムやほかのゲストに対しても失礼な行為となります。

女性の場合、カップについた口紅を指で拭うかたがいらっしゃいますが、それもエレガントではありませんので、ティータイムがはじまる前に軽くおさえておきます。

これは個人レベルのマナーというよりも、相手を不快にするエチケット違反にあたりますので、十分に注意が必要です。

気品あふれるお礼のマナー

ティーセレモニーでは、主賓がナプキンをはずしたら、終わりを告げるサイン。

ここで気を抜いてはいけません。パーティが終わって立ち去ったあとにも、女性の品格は問われています。

ゲストが去り、誰もいなくなったテーブルをマダムは意外と冷静に見ているもの。とても魅力的な女性だったとしても、フィニッシュに気を抜くと、残念な印象を与えます。フィニッシュはまさに

お礼状はなるべく早めに

総仕上げ、マダムへの感謝をあらわすにはどうしたらいいかを考えてみてください。

よく、ナプキンをたたむのはマナー違反と、あえてくちゃくちゃにしているかたを見かけますが、それはエレガントな振る舞いではありません。使ったことがわかる程度に、軽くたたんでテーブルに置きます。

カトラリーは、プレートの上に表向きにして真っ直ぐに置きます。これも階級によって違いがあり、時計でいう4時の位置に斜めに置くかたが多いのですが、アッパークラスは6時が定位置と覚えてください。

プレートの上は、マナーにのっとって召し上がっていれば、最後は何もなく綺麗な状態になっているはず。言葉通り食べ散らかした状態で席を立ったり、カップに口紅がべったり……という状況もあなたの品位を下げるだけでなく、マダムに対して失礼な振る舞いになりますので要注意。


マダムは主賓から順番にお見送りしますが、ここでも長々とお礼や感想をお話しするのはタブー。楽しい時間を過ごした感謝の気持ちを短めの言葉で伝え、スマートに帰ることがマダムへの思いやりです。

そして、いかにティーパーティが楽しかったか、紅茶やお菓子が美味しかったか、ということは、お礼状に書いてお送りするのがマナーです。

家につくなり、帰宅報告を兼ねて電話でお礼を済ませるかたも多いのですが、それはマダムにとっては大きな負担になります。たとえ数分と思っても、それが全員だとしたら、その何倍もの時間を、片づけを中断して割かなければいけないのです。

また、メールでお礼というのも、だんだんと当たり前になりつつありますが、感謝の気持ちの伝え方は、その人の品格をあらわすものです。

「ティーパーティは招待状にはじまり、お礼状で終わるもの。どんなに疲れていたとしても、その日か次の日までにはThank youレターをお出しするのよ」

マダム・エレナから厳しくいわれたことです。

お礼状は遅くとも3日以内に。葉書ではなく封書で、さらに万年筆を使って書くと丁寧な気持ちのあらわれになります。間違ってもキャラクターのレターセットにきらきらボールペンのお礼状は出さないようにしてくださいね。

マダム・エレナが記憶に残るエピソードを話してくれました。

「若いお嬢さんだったのだけれど、手土産は持たずにいらっしゃって、パーティ当日はスマートにお礼をいって帰ったの。何日かして、お花屋さんから素敵なフラワーアレンジメント、それも私の家にぴったりのお花が届いたの。【そろそろパーティのお花が枯れるころかと思いまして。次回はぜひうちにいらしてください】と、あたたかいメッセージやそのときのパーティの写真と一緒にね。そんなサプライズははじめてで、嬉しかったわね」

ぜひ、またお会いしたいわと思っていただけるような、魅力的なゲストでありたいですね。

Chapter 2

英国マダムに学ぶ
正統派ティーパーティの開き方

アフタヌーンティーは生活発表会

日本でもすっかり定着した英国スタイルのアフタヌーンティー。

イギリスのティータイムの中で、もっともエレガントで優雅な至福のお茶時間です。

このアフタヌーンティー、イギリスのホテルで行われているというイメージが強いと思いますが、もともと家庭の中から発祥したもの。昔からイギリスでは、マダムの生活発表会ともいわれていました。

お料理の腕は？　家の掃除は行き届いている？　スマートなおもてなしができる？　インテリアのセンスや知識は？　といったマダムとしての力量をお披露目する場がアフタヌーンティー。日頃のハウスキーピングの成果を発揮する時間、日本式にいうと主婦力検定といったところでしょうか。ちょっとドキドキしてきますよね。

この格式高いアフタヌーンティーの習慣がはじまったのは、19世紀ヴィクトリア時代。一人の貴婦人がはじめた午後のお茶会が発祥といわれています。

１８４０年ころ、当時の貴族階級の生活は、朝はゆっくりと起きて遅めの朝食をいただき、夜の8時ころからはじまるディナーやパーティまではお食事をとらない、1日2食のライフスタイルでした。その間があまりにも長かったため、空腹に耐えられなかった彼女は、午後の4時ころに秘密のティータイムを過ごすことが日課となっていました。紅茶とクランペットをのせたトレイをメイドに運ばせ、天蓋つきベッドのある自分の部屋で、一人その時間を楽しんでいたのです。

非常に社交的だった彼女は、この優雅な午後の時間をシェアしたいと考え、親しい女友達を招くようになります。3人、4人とゲストが増えてくると、お茶専用のドローイングルームに場所を移し、お気に入りのティーカップや銀器をしつらえるようになり、だんだんと社交の場へと発展します。それはいつしか、【アフタヌーンティー・午後のお茶会】と呼ばれるようになったというわけです。

このエレガントな習慣を考案したといわれている女性が、7代目ベッドフォード公爵夫人アンナ・マリア。紅茶の歴史上においても、彼女の名前とアフタヌーンティーが発祥した館ウォーバン・アビーの名前が刻まれています。

こうして貴婦人がはじめた優雅な習慣、アフタヌーンティーは、アッパークラスの間にまたたく間に広がっていきました。

初期のころ、ごくごく狭いソサエティの中で行われていた午後のお茶会は、特別な決まり事もなく、美味しいお茶とおしゃべりを愉しむひとときのようなものでした。それがヴィクトリア時代後期になると、貴族だけにとどまらず、だんだんと力をつけてきたミドルクラス、そして庶民までがアフタヌーンティーの真似事をするようになります。

このころから階級意識を保つために、一部のクラスでマナーやルールというものが決められていきました。そして、そのマナーもまた、秘密の約束事として受け継がれるようになったのです。

Chapter2では、フォーマルなティーパーティにお招きをする側、イギリスのアッパークラスに伝わるおもてなしマナーについてお話をしていきますね。

TEA
TIME
COLUMN

貴婦人の午後のお茶会・アフタヌーンティー発祥の館

ロンドンからドライブすること約1時間。アフタヌーンティー発祥の館といわれるウォーバン・アビー（Woburn Abbey）というカントリー・ハウスがあります。代々ベッドフォード公爵が所有し、300年以上にわたって守り続けてきた貴族の館です。

敷地面積は約3000エーカー（360万坪）。エントランスをくぐり抜けると、湖や馬場、ゴルフコースからサファリパークまで有する広大な敷地が広がります。ようやく館にたどりつくと、さすが名門貴族の豪壮な邸宅。ホールを中心にいくつもの部屋があり、アフタヌーンティーがはじめられた「ブルー・ドローイング・ルーム（The Blue Drawing Room）」を探すにもひと苦労です。

その名前どおりブルーの壁に囲まれた部屋の中央には、高さが天井まである、豪華絢爛なマントルピースが存在感を主張しています。暖炉の前のローテーブルには、ティーセットがセッティングされていて、家具や調度品を眺めていると、まるでヴィクトリア時代にタイムスリップしたような気分になってくるから不思議。

今では一般公開されている貴族の館は珍しくありませんが、その先駆けとなったのが、このウォーバン・アビー。敷地内には宿泊施設をはじめ、アンティークショップやギフトショップもあり、第7代公爵夫人のアンナ・マリアをモチーフにした紅茶グッズも人気です。また、Duchess Tea Room（公爵夫人のティールーム）では、アンナ・マリア・アフタヌーンティーを楽しむこともできます。

アフタヌーンティーの奥義を知るためにも、紅茶好きなかたには、ぜひ訪れてみてほしい場所。貴婦人になったつもりで、丸一日堪能してみてください。

正統派ヴィクトリアンティー

ティーパーティにお招きする準備をはじめる前に、クラシカルなアフタヌーンティーがどのようなスタイルで行われていたのか、ヴィクトリア時代にタイムスリップしたつもりで、のぞいてみましょう。

アフタヌーンティーパーティの主役はマダム。パーティを開催することを決めたら、まずはゲストの選定に入ります。お茶会は階級社会の象徴、そこには階級内における派閥や政治的な思惑といったことも絡み、どのようなゲストを招くかということで、マダムやその家の権力をうかがい知ることができるといわれていたほどなのです。慎重にゲストを選んだら招待状を書き、1カ月ほど前に執事がゲストの家に届けました。

そのあと、マダムはアフタヌーンティーを開く場所、銀器や食器、テーブルコーディネートからお出しするお菓子や紅茶にいたるまで細かなプランを立て、執事に伝えます。

それをもとに、執事は当日までのスケジュールと使用人の割り振りを決め、指示通り準備に取りかかりました。

お茶会の時間は、午後4時ごろ。弦楽四重奏が流れる中、ゲストがティーガウンと呼ばれる繊細なドレスと帽子、手袋を身につけて部屋に入ります。この帽子と手袋も階級を象徴する証し。どちらもティータイムの間、外すことはありませんでした。

マダムが身に着けているガウンには、一連の所作が美しく見えるように袖口に華やかなレースがたっぷりと施されています。このティーガウン、器用なハウスメイドがパーティのテーマに合わせてハンドメイドで作ることもあったようです。

ティーサービスはマダムの役目。アフタヌーンティーの場においてはメイドを使わず、ゲストを前に、まるで儀式のようにティーセレモニーを行いました。ゲストはマダムから手渡されたティーカップ＆ソーサーを手に持ち、フィンガーサイズのお菓子をつまんでいただきます。

家の中には、家具や調度品を中心として、銀器や陶磁器、レースやリネン、権力の象徴が散りばめられていて、その背景をマダムが語り、家の格や歴史をお披露目しながらティータイムは進んでいきます。すべてにおいて、女主人としての力量が問われていたのです。

そんな優雅な貴族のお茶会は、いつしかヴィクトリアンティーと呼ばれるようになり、あるソサイエティの中でいくつかの約束事が決められるようになります。

＊ティーはゴールデンルールに基づいて正しくいれること
＊ティーフーズは豪華にたっぷりと用意すること
＊ティーテーブルは優雅にコーディネートすること

いったいこれは何を語っていると思いますか？

アフタヌーンティーというのは、優雅に美しく贅沢にするセレモニーなの。あなたがたには決して真似することなどできないものなのよ……。そんな意地悪な声が聞こえてくるようです。

そう、ちょっと窮屈な堅苦しさも感じるのが、ヴィクトリア時代のアフタヌーンティーだったのです。

ヴィクトリアンスタイルのセッティング

マダムのマストアイテムとは?

ではここからは、エレガントなマダムになるために、ヴィクトリア時代のフォーマルなアフタヌーンティーをお手本として、ティーパーティの催し方についてのレッスンを行っていきましょう。

「まずは、ホステスノートを用意することかしらね」

マダム・エレナが、可愛い一冊のノートを見せてくれました。

ホステスノートというのは、パーティプランニングを書き込んでいく、おもてなしノートのようなもの。ゲストや席順、メニュー構成や予算、当日の服装などを書き込んでいくマダムのマストアイテム。専用のノートもありますが、どのようなものでもかまいませんので、ぜひ一冊ご用意ください。

最初に、パーティにご招待するゲストをピックアップします。

あなたは、今、何人のゲストをパーフェクトにおもてなしすることができますか?

マダム・エレナいわく、

「ティータイムなら、どんなに多くても8人までよ」

アフタヌーンティーは、基本的にマダム一人で取り仕切ります。どんなにおもてなしにたけていても、ゲスト全員に対して、目配り・気配りが行き届くのは8人までという実体験からきているとのこと。部屋の広さや家事の力量にもよりますが、4〜6人程度が会話も弾むちょうどよい人数ではないでしょうか。

招待するゲストは、まずメインとなる主賓から決めます。主賓のかたには直接意思をお伝えし、了解のうえで日にちをご相談します。主賓には遅くとも1カ月前、そのほかのゲストには日にちが決まり次第、3週間くらい前までに招待状をお送りします。

Chapter1でご紹介したようなフォーマルなインビテーションでなくても、パーティのカードで充分。そこに、主催者、日時、場所、そのほかにドレスコード、パーキングの有無なども書いておくとゲストへの心配りになります。

インフォーマルなお茶会の場合は、電話や口頭でご案内したり、覚え書きのように名刺に日時、場所を書いて渡すこともありますが、カード一枚いただくだけでもゲストはワクワクした気持ちになりますし、印象もずいぶんと違いますよね。

おすすめはカリグラフィーペンで手書きしたカード。カリグラフィーは西洋のお習字といわれているものですが、特別な技術がなくても、このペンを使って手書きするだけで、ちょっと気取った素敵な招待状になります。ぜひ、トライしてみてください。

マダムのマストアイテム「ホステスノート」

TEA TIME COLUMN

ストロベリーバスケット

紅茶留学をしていたころ、近所に小さなアンティークショップがありました。ある日、そのお店の窓辺に飾られていた、とってもキュートなバスケットに目が釘づけになってしまいました。ハンドルがついた、磁器でできたストロベリー柄のバスケットの中には、可愛いらしい器がふたつ並べられています。「いったい何に使うものかしら……」、毎日のように外から眺めている私に、オーナーがある日こう言いました。

「それはね、ストロベリーバスケットといって、アフタヌーンティーに使われていたものよ」

聞くと、これはストロベリー専用の器で、真ん中にいちご、左右にそれぞれ砂糖とクリームを入れて、パーティやピクニックティーの際に使われていたのだとか。

古来よりパーティというものは、富や権力・社会的地位を誇示する絶好の場でした。

もともと貴婦人のお茶会から発祥したアフタヌーンティーも例外ではなく、狭い貴族の社会ならではの、権力闘争というダークな部分が見え隠れするようになります。パーティを主催する側は、豪華さを競い合い、よりレアな銀器、より珍しい食べものをテーブルに並べることに躍起になっていきます。それによって財力を見せつけ、地位を揺るぎないものにすることができたからです。

たとえば、日本では春を感じる果物のいちごですが、イギリスでは夏のフルーツ。それがクリスマスの時期に出てきたら、当時としては、かなりサプライズな出来事です。貴族の館には、庭にフルーツガーデンがあるのは当たり前。季節外れの果物や野菜が出てくるということは、イコール温室があるということ。つまり、ステイタスシンボルなのです。

もともと、アフタヌーンティーの場でいちごが登場すること自体がスペシャル。そのドラマティックなシーンを演出するために、ストロベリーのためだけのバスケットが作られたのです。ストロベリーの絵が描かれた器の中に、山ほどのいちごを盛り、マダムがハンドルを持って登場する……。考えただけで息をのむようなワンシーンですね。

センスが光るティーフーズ

ゲストが決まったら、ティーフーズのメニューを考えてみましょう。

アフタヌーンティーのメニューといえば、サンドイッチ、スコーン、ペイストリーですが、ヴィクトリアンティーのルールを思い出してみてください。「ティーフーズは、豪華に食べきれないほどたっぷりと用意すること」というお約束事があります。しかもアッパークラスのアフタヌーンティーに並ぶお菓子は、生菓子にしても焼き菓子にしても、英国菓子とはイメージが異なり、かなり繊細なフランス菓子のよう……。

それらはいったい誰が作っていたのでしょうか？　マダム？

いいえ、お茶会の中心はマダムでも、裏方の準備はすべて大勢の使用人たちが総出で行っていました。ヴィクトリア時代には、アフタヌーンティーパーティをするような階級のマダムは、料理はおろか家事一切をすることなく、フランスから腕のいい料理人をつれてきて調理場を仕切らせていたのです。もちろんその年俸は破格、ほかの使用人の何人分にも匹敵しましたので、繊細なお菓子がたくさん並んでいる＝うちはフランス人のシェフを雇っているのよ、という証しになっていたのです。

もちろん、貴族とはいえ腕のいいシェフを雇う余裕がなかったり、少ない使用人で切り盛りしているような家は、ティーフーズを見れば一目でわかる、といわれていました。お菓子ひとつで台所事情までわかってしまうのがアフタヌーンティーの怖いところです。


ましてや現代においては、パティシエでもない主婦が繊細なケーキをいくつもいくつも用意するのは無理というもの。お料理好きなマダム・エレナは、すべて手づくりをしていましたが、ペイストリーに関しては、ヴィクトリアサンドイッチというホールケーキを焼き、ここに生菓子の代わりにフルーツを添えていました。サンドイッチという名前なのですが、これはイギリス人なら誰でも知っているベイクドケーキ。アフタヌーンティーには欠かせないお菓子なので、覚えておくと役に立ちます。

サンドイッチ、スコーン、ケーキ、ともすると粉モノばかりになりがちなアフタヌーンティーのメニューですが、季節感やゲストの好みを取り入れながらセレクトしてみてくださいね。

RECIPE

Scone

イギリスのティータイムに欠かせないスコーン。
日本と英国では、使用する粉が違うのですが、日本で手に入る粉を使って
表面サックリ、中しっとりのレシピにアレンジしてみました。

材料（直径5cm　8個分）
薄力粉……225g
ベーキングパウダー……小さじ2
塩……小さじ1/3
グラニュー糖……40g
無塩バター……50g
卵黄1個と牛乳をあわせて
　……110〜120cc

作り方

1 薄力粉・ベーキングパウダー・グラニュー糖・塩をあわせてボウルにふるい入れ、そこに1cm角にカットして室温に戻したバターを入れ、手で粉をまぶしながら、パン粉状になるまですり混ぜます。
2 サラサラの状態になったら、卵黄と牛乳をあわせた液を加え、スケッパーで混ぜ、ひとまとめにします。
3 ラップをして冷蔵庫で1時間ほど寝かせます。
4 打ち粉をした台の上で、めん棒を使って2cmの厚さにのばし、抜き型で抜きます。
5 180℃のオーブンで20〜25分焼きます。

RECIPE

Victoria Sandwich

ヴィクトリア女王が愛したケーキ。伝統的なアフタヌーンティー定番の
英国菓子です。サンドイッチティンという
2枚の型でフラットに焼き上げ、ラズベリージャムをサンドします。

材料（直径18cm　ラウンド型）
薄力粉……200g
ベーキングパウダー……大さじ1/2
グラニュー糖……200g
無塩バター……200g
全卵……4個（M玉）
ラズベリージャム・粉砂糖……適量

作り方

1 室温に戻したバターをボウルに入れ、グラニュー糖を3回にわけて加えながら、泡だて器でクリーム状になるまで混ぜます。
2 1が白っぽくふわふわになったら、ときほぐした卵を少しずつ加えて、さらによく混ぜまぜます。
3 あらかじめふるっておいた粉類を一度に加え、ゴムべらに持ちかえて、サックリと混ぜ合わせます。
4 2つの型に、1/2ずつ生地を流し入れ、170℃のオーブンで30〜35分焼き、型から外して冷まします。
5 冷ました生地の上にラズベリージャムをぬり、もう1枚でサンドし、粉砂糖をまぶします。

マントルピース、その存在意義

次に、アフタヌーンティーを開く場所を考えます。

ヴィクトリア時代、貴族の館にはいくつもの部屋がありましたが、フォーマルなアフタヌーンティーは、ダイニングではなく、ドローイングルームというお部屋で行われていました。

この部屋は、ディナーのあとに女性ゲストがお茶を愉しむために作られた部屋。ディナーの席は夫婦揃って出席しますが、食後のお茶はそれぞれ別室に移動して、男性はライブラリー、女性はドローイングルームで食後のリラックスした時間を過ごしていました。

アンナ・マリアがアフタヌーンティーをはじめたころは、ベッドルームにごくごく少人数のお友だちを招いてお茶会をしていたようですが、だんだんと人数が増え、社交の場に発展すると、ドローイングルームが使われるようになります。

いうなれば、ここは日本の茶室。秀吉の黄金の茶室ではないけれど、やはり専用のお茶室を構え、その空間をしつらえることは、富や権力の象徴でもあったようです。

「うちのように、ドローイングルームとダイニングが兼用の家では、『お宅ではアフタヌーンティーを行う資格なんてありませんよ』といわれるわね、きっと」

マダム・エレナは苦笑いしていましたが、広い庭やドローイングルームがあるジョージアンスタイルの家を持つということは、成功の証し。特にミドルクラスにとっては、憧れの光景でもあったのです。

そのドローイングルームの中央にあるのが、マントルピース。

先に、日本の茶室でいう床の間のような存在と説明しましたが、部屋の家具調度品でいちばん凝った部分も、このマントルピースです。貴族の館を訪ねると、絢爛華麗な装飾を施した天井まであるマントルピースに目を見張ることがあります。昔は専門の職人が長い時間をかけて造ったもので、日本のわび・さびとは対極にはあるものの、こちらもまるで美術品といっていいくらい美しいものです。

そして、フォーマルなアフタヌーンティーは、このマントルピースの前に低いローテーブルをセッティングし、ソファに座って行われていました。

ドローイングルームはお食事をする場ではないので、本来ダイニングテーブルはありません。ダイニングで行うティータイムはハイティーと呼ばれ、このふたつはまったく別もの。よく日本では混同され、アフタヌーンティーのことをハイティーと表記しているホテルなどもあります。
High Tea の High が格高の意味に受け取られているようですが、こちらの High は、ローテーブルに対してテーブルが高いという意味の High、またダイニングで使用する背もたれのある椅子 High Back Chair の High からきています。ハイティーは労働者階級から広まったといわれるスタイルで、お茶の飲み方もマナーもまったく違いますのでご注意を。

マントルピースがアフタヌーンティーの優雅さを引き立たせる

知的マダムのインテリアコーディネート

イギリスでは、「家は、そこに暮らす人の知性のあらわれ」ともいわれています。初めて訪問するお宅では、家の中をぐるりと一周案内するハウスツアーをしてくれることがよくあります。インテリア関連のお仕事をされているジュリア夫人の邸宅に、はじめてアフタヌーンティーに招かれたときもそうでした。

「うちはジョージアンスタイルなの」

と、まず、家の建築様式とインテリアコーディネートのポイントについて説明してくださったあと、地下室から3階までひとつひとつのお部屋を見せてくださいました。

英国の建物には、クイーンアン、ジョージアン、ヴィクトリアンなど、それぞれ建築様式=スタイルがあります。この様式というものをバックボーンに、室内装飾、家具やファブリック、銀器や食器といった小物までをコーディネートしていきます。建物の様式にのっとって、家具・絵画・ティーセットなどディテールにいたるまで、きっちりと統一されていることこそ完成された様式美という考え方があり、それについて語る知識や教養も求められるのです。

ドローイングルームのコーディネートは、マダムの役目。女性同士のくつろぎの場ということで、エレガントスタイルにしつらえることが多いのですが、マダムの趣味・思考がそのままあらわれる場所でもあります。

ジュリアさんはソフトファニシングがお得意で、季節に合わせて、またパーティのテーブルセッティングに合わせて、カーテンからティーコージーにいたるまで、家中をトータルコーディネートしていました。さらに驚いたことに、模様替えのテーマに合わせて、壁も季節ごとに塗り替えるという徹底ぶり。洗練されたセンスが光ります。

「壁にかかった絵一枚をとってみても、マダムの品性がわかるわね」

そういわれると、ちょっと息苦しさを感じたりもしますが、そんなことを頭に入れながら、知的なインテリアコーディネートを心がけてみてくださいね。

上質な暮らしとリネン

次はティーテーブルのしつらえです。

まず、小さめのローテーブルをセッティングして、アンダークロスをかけます。このアンダークロスというのは、テーブルクロスの下に敷く、滑り止めと緩衝の役目をするクロスのことです。

普段はゲストの目には入らないものなのですが、マナーの観点からも必要なアイテム。このアンダークロスがあると、何かの拍子にテーブルクロスが滑って食器を割ってしまう……ということもありませんし、ティーカップやカトラリーをテーブルに置いたときの耳障りな金属音を防ぐサイレントクロスにもなります。また、手を触れたときの感触もとてもやわらかくなるのです。

昔はネルというやわらかな素材でできたものが主流でしたが、最近はポリエステルや化学繊維などのアンダークロスも作られていますので、一枚用意しておくと重宝します。見えない部分ではありますが、これもゲストへの心配り、マナーのひとつです。

その上にテーブルクロスをかけます。

このクロスも用途別に素材が異なり、フォーマルなディナーの場合、白い麻のダマスク織りという地紋様織りのクロスを使用しますが、ティータイムには重厚な織物ではなく、やわらかな軽い素材が好まれます。

フォーマルなテーブルセッティングにしたい場合は、無地のクロスの上にレースのクロスを重ね、ダブルクロスにします。また、オーガンジー、ローン、カットワークなど薄手のクロスやパステルカラーのものでコーディネートしても素敵。

ティーナプキンはクロスと共布のものをセットで揃えます。

テーブルの品格を左右するのは、テーブルクロスやナプキンといったリネン類。上質のリネン類を揃えることは豊かさの象徴なのです。

昔から、ヨーロッパの良家の子女は、お嫁入り道具として一生分のリネンを持参したといわれています。その家に女の子が生まれると、母親はその子が小さなころから、嫁ぐ日のことを思いながら一針一針リネンを編んだり、刺繍をしたりしたそうです。

「リネン類はここで揃えるといいわ」

マダム・エレナがそっと教えてくれたお店が、ロンドンのバーリントンアーケードにありました。アイリッシュリネンと書かれた看板の横には、王室御用達のマーク。エリザベス女王やダイアナ妃からもオーダーされていた北アイルランド産のリネンを扱うショップです。店内には所狭しとリネンが並んでいるのですが、光沢があって手触りのよい上質な麻に、可愛い刺繍が施されていて、思わず息をのむほど素敵。

「ここでお揃いのテーブルクロスとナプキンを買っておきなさい、一生ものよ」

そういわれて手に取ってみると、本当にラブリー。可愛くないのはプライスだけ。ショーウィンドウのディスプレイを、いつもため息まじりで眺めていました。

残念ながら数年前にクローズしてしまったのですが、ヴィンテージ品が出まわっていたり、たまに未使用のミント状態でアンティークショップに並んでいることもあります。

質のよいリネン類でおもてなしするということは、ゲストに対しての敬意のあらわれとなります。上質なリネン類を少しずつ揃えるのも、暮らしの中の愉しみですね。

糸の宝石・レースドイリー

リネン類の中でも、アフタヌーンティーに欠かせない優美なアイテムがレース。レースは昔から【糸の宝石】とも呼ばれ、テーブルにレースがたくさん並ぶおもてなしは、ゲストに対しても最高の敬意となります。ベルギーのハンドメイドレース、イギリス・北アイルランド産のアイリッシュレース、ノッティンガムレースなど、ティータイムに華やかな彩りを添えるアイテムが数多くあります。

アンティークショップなどで、同じデザインで大きさがまちまちの円形レースがセットになっているものをご覧になったことはありませんか？

それらはティータイム用に作られたレースドイリー。大きなものは、ケーキやスコーンをお出しする際にサービスプレートに敷きます。中くらいのサイズのものは、ゲストにハンドリングしていただくような器、ジャムディッシュやミルクジャグ、シュガーポットに添えるプレートに敷きます。

いちばん小さなものはなんでしょう？

たまにお土産にこのようなレースをいただくと、コースターや花瓶敷として使っていらっしゃるかたもお見受けしますが、小さなものはティーカップ用。アンティークレースなどは、すべてカップにあわせてハンドメイドで作られていたので、さまざまなサイズやデザインがあります。

ドイリーは装飾の意味もありますが、サイレントクロスと同じように、ドイリーを敷くことによって、カップをソーサーに置いたときのカチッという不快な音を出すことがなくなりますし、あたりもやわらかくなります。またカップの裏に水滴などがついた際にも、ドイリーが吸い取ってくれて、ゲストの服を汚す心配がないという役目もあります。

利点はわかっていても、実際にはなかなかお目にかかることができません。それもそのはず、一度使っただけでも紅茶染みなどがついてしまいますものね……。

ティータイムにおいて、すべて本物のレースを、レースペーパーのように惜しげもなく使うというのは、そうそうできることではありません。

さらに、カップ&ソーサーにまでドイリーを敷くというのは、ごくごくアッパークラスだけに伝わる究極にエレガントなマナー。このようにレースを多用することができるお茶会というのは、とびっきり贅沢なおもてなしなのです。

ナプキンやドイリーも欠かせない

ナイフは語る

「アフタヌーンティーに招かれて、テーブルに並ぶナイフ一本見ただけで、その家の格と歴史がすべてわかる」

そういわれていたのがティーナイフ。

銀器は昔から貨幣価値を持つといわれ、その一族の権力の象徴、代々継承されていくアイテムだったのです。「銀のスプーンをくわえて生まれる（Born with a silver spoon in one's mouth.）」という慣用句も、ここから来ています。

ティーテーブルを華やかに彩るのが、その華麗な銀器たち。中でも、ティータイムのためだけに作られたシルバーは、息をのむほど可憐で美しいアイテムがたくさんあります。

特にカトラリーはゲストが直接手にとって扱うものですので、そのデザイン、質感、細部の装飾にいたるまで、より繊細で凝ったものを競って職人に作らせました。

アフタヌーンティーが発祥した初期のころは、ティータイム専用のカトラリーというも

のはなく、お食事の際に使用する小ぶりのバターナイフや、デザート用のデザートセットが使われていました。アフタヌーンティーの流行とともに、より豪華で美しいカトラリーが求められるようになり、腕利きの職人にオリジナルの専用のカトラリーをオーダーするようになっていったようです。

その中でも、ティーナイフの美しさは格別。ハンドルがマザー・オブ・パール（白蝶貝）という美しい素材や、珍しいアイボリー（象牙）で作られていたり、ブレードの部分に繊細な細工が施されていたり、ピアスドワークという、まるで切り絵のような凝った細工のものまであります。このようなティーナイフは宝石のように並べられて、鍵つきの箱に保管されました。

貴族の館にはいろいろな部屋があり、陶磁器はチャイナルーム、フォークやスプーンはカトラリールームに保管されましたが、ハンドルが象牙や白蝶貝で作られたナイフは、特別室で厳重に保管されていました。アフタヌーンティーパーティが終わると、上級使用人が厳重に一本一本チェックしていましたが、部屋の鍵は女中頭にさえ預けることはせずに、女主人自らが管理をしていました。また、本当に大切なナイフにいたっては、レースと一緒に自分の部屋で保管することもあったようです。そこまでいくと宝石以上の扱いですね。

ものを言わない使用人の正体

ティーテーブルとリネンの準備がととのったら、いよいよテーブルセッティングです。ここでシルバーの3段スタンド登場、といきたいところなのですが、お話をしたようにあのスタンドは20世紀に入ってから、ホテルやティールーム用として登場したもの。スタンドのルーツをたどると、もともとはダムウェイターという大型の家具から発祥したものです。使用人を使わないアフタヌーンティー、小さなティーテーブルに有り余るほどのお菓子……。「さて、どこに並べましょう?」ということで登場したのが、ダム=ものを言わない、ウェイター=給仕人、というわけです。

イメージとしては、サイドテーブルとして使われる3本の脚がついたテーブルが、2段、3段と上へ上へと重なったようなもの。大・中・小と大きさの異なる3段式の家具の上に、たくさんのティーフーズを並べておき、マダムがそこから順番にとってサービスしていたのです。

そのダムウェイターを小さくして、卓上型にしたものがシルバーの3段スタンドというわけです。

ダムウェイター（写真右）と木製３段スタンド（写真上）は、マダムのサポーター

今でも、郊外のマナーハウスなどでアフタヌーンティーをお願いすると、一皿一皿サービスする、昔ながらのフォーマルなスタイルでもてなしてくださるところもあります。ただ､大勢のゲストそれぞれの食べるタイミングを見計らいながらサービスするというのは､ホテルなどでは重労働です。シルバーの3段スタンドは、ホテルでのアフタヌーンティーが流行《はや》りはじめた20世紀に入ってから、サーヴィングの簡素化という面から普及していったアイテムなのです。

そして、このふたつの中間のような存在が、木製の3段スタンド。

イギリスの家庭にお茶に招かれて、シルバーの3段スタンドが出てきた経験はありませんが、その代わりこの木製スタンドをよく目にします。

ダムウェイターは大きくて場所を取りますが、木製のスタンドは折りたたみ式。ティータイムになると広げて床に置き、ティーフーズを並べ、こちらもマダムが一皿ずつサービスします。使わないときはたたんでしまえば、わずか数センチの厚みに。現代の住宅事情にも合い、とても重宝する英国らしいアイテムです。

こちらも日本のアンティークショップなどでも見かけますので、手に取ってみてくださいね。

マダムは席を立ってはいけません

なぜ、アフタヌーンティーには、ものを言わない使用人を登場させるのでしょうか？アフタヌーンティーのおもてなしというのは、マダムが主役。必要以上に席を立ってはいけないとされています。ここが日本のおもてなしスタイルと大きく違うところ。

たとえば、日本のおうちにお招きされて、紅茶をいただく際のシチュエーションといえば、あらかじめキッチンでティーカップの中に紅茶をいれ、それを奥さまがお盆にのせて運んできて、お客様の前に置く、というのが一般的なイメージとしてありますよね。それは、日本式お紅茶のいれ方〈The Japanese Style〉です。

英国式の場合は、マダムはアフタヌーンティーパーティの中心。全体を見渡すことができるいちばんいい席に座り、最初から最後まで堂々とその場を仕切ります。日本式のおもてなしスタイルは、ともするとティーレディと間違えられてしまいますし、何といっても、マダムがせわしくキッチンを行き来したり、長時間席を不在にすることはおもてなしのマナーに反します。

そこで、ティータイムの間マダムが席を立たなくてもいいように、ありとあらゆるものを置くことができるダムウェイターやスタンドが作られたというわけです。

マダム・エレナがティーパーティの際によく使っていたのが、ネストテーブル。大きさが違う大・中・小のテーブルが入れ子になっている家具を見たことはありませんか？

あのテーブルを出してきて、マダムの横に3つ引き出して並べます。そこに、ティーカップ＆ソーサーやプレート、サービス用のトングやサーバーなど、パーティに必要なものすべてを並べておきます。

たとえば、途中でお茶以外のものが飲みたいというかたがいらしたらと考えてコーヒーのセット、冷たいものが飲みたいというかたを想定してグラスやジュース類、はたまた紅茶をこぼしてしまうかたがいらっしゃったら……ということまで考えて、予備の食器、お湯をはったボウルやリネン類まで、万全な用意をしておくというわけです。ダムウェイターと同じく立派なマダムの片腕として活躍します。

「マダムがバタバタするのはゲストに失礼。席を立つのはスコーンが焼けたときくらいという気持ちで、あとは何があっても慌てず動じず対応するものよ」

なるほど、あのアフタヌーンティーのゆったりと落ち着いた雰囲気は、優雅なマダムの立ち居振る舞いから作り出されているものなのですね。

アフタンーンティーでも重宝するネストテーブル

五感が満たされるおもてなし

いよいよアフタヌーンティーパーティ当日、ゲストを迎え入れる準備をしましょう。

朝起きたら、まず空気を入れ替えて、朝露にぬれたフレッシュなお花を飾ります。イギリスでは、フランス式のフラワーアレンジメントのような作り上げられた感じというよりも、より自然な雰囲気が好まれるようです。

「庭に咲いている花を、まるでそこに咲いているように」

と表現されるように、あたかも蝶々が草花の間をすり抜けていくようなナチュラルなアレンジ……というのでしょうか、日本の茶花と同様、自然を愛する英国ならではのこだわりがあるようです。また、イギリスは「バラと紅茶の国」といわれるように、気高いバラの花に囲まれています。イングランドの国花でもあるバラは、正式なアフタヌーンティーには欠かせないアイテム。ローズボールという専用の花器を使ってアレンジをしても、気品ある英国らしいコーディネートになります。

ティーテーブルが小さいので、大きなアレンジメントを置く必要はありません。ゴージャスなアレンジはテーブルではなく、暖炉の上や花台の上に置き、ティーテーブルには小さめのお花を飾ります。ただし、紅茶の香りをそこなうような強い香りの花や、花びらや花軸が落ちやすいようなものは避けます。

また、お花の少ない季節に登場するのが陶花。イギリスでデパートに行くと、陶磁器でできた可愛らしいアレンジがたくさんあります。中には12カ月分のアレンジや、お揃いの花柄のティーカップまで揃えているかたも多い、人気アイテムです。

テーブルセッティングが完成したら、ライティングにも気を配ります。

紅茶をいちばん美味しく見せるのは自然光。光がさんさんと入ってくる日ばかりだったらいいのですが、お天気は気まぐれ屋さん。光の入る時間帯や位置などを考えて、ライティングプランを頭に入れておきます。

そして音楽。

おしゃべりの途中に会話がふと途切れることってありませんか？　ヨーロッパでは天使が通り過ぎた瞬間ともいわれますが、そんなときでも音楽があると場が和みます。

ノーブルなクラシックもいいけれど、私はおしゃべりの邪魔にならないよう、オルゴールが奏でるやさしい音楽を小さな音で流しています。

気をつけたいのが香り。紅茶は繊細な香りを楽しむものですので、お茶をいただく空間

は香りが邪魔しないように心がけてください。その日の天気や温度、空間によってフレグランスと使い分けると、おもてなし上級者です。また、身にまとう香水も控えめに。

これで完璧と思ったら、最後にゲストの目になって、家の動線を歩いてみてください。意外な落とし穴が見つかることもあります。

そして、ゲストがいらっしゃる予定の1時間前には準備をすべて終え、新聞を隅から隅まで読みます。これは、話題づくりのためでもありますが、準備に手間取って、ニュースも読めなかった……というのではマダム失格。直前までバタバタしていたという空気は、不思議とゲストに伝わるものです。

さすがにアフタヌーンティードレスの必要はありませんが、主役はあなた。いつもより少しエレガントな服装を心がけて、ゲストを迎え入れてください。

そうそう、エプロンは忘れずに外してくださいね。メイドと間違えられてしまいますから。

エレガントなティーサービス

イギリススタイルのティーサービスは、マダムがゲストの前で紅茶をいれます。いわばここは、茶道と同じようにティーセレモニー最大の見せ場。指先まで神経を行き届かせて、見られていることを意識しながら、ゆったりと優美に振る舞ってみてください。

まず、紅茶をいれるための道具をセットします。ポットとカップさえあればお茶を飲むことはできますが、茶道でもお茶道具にこだわるように、英国式の場合もトレ

イの上にシュガーポット、ミルクジャグ、ティーストレーナーやティーキャディーなどのお道具を並べます。

中でもいちばん大切なのが、ティーポット。

マダムはティーポットをつねに自分の右手前に置き、中の紅茶の温度や茶葉の開き具合など、ポットの状態を頭に入れながらパーティを進めます。

女性同士だと、よく飲み物が少なくなると無言で注ぎ足すかたがいらっしゃいますが、あなたがマダム役でないかぎり、ティーパーティの際にはマナーに反します。気を利かせたつもりが裏目に出てしまうことがあるので要注意。

マダムは、まず本日のゲストのためにセレクトした茶葉の説明をします。このときに、袋や缶をそのままお出しするのではなく、シルバーや陶磁器のティーキャディーに移し替え、素敵なキャディースプーンを使って、みなさまの前でティーメイクをします。

ポットを温める、茶葉を入れる、ひとつひとつの所作の間に、ひと呼吸の間《ま》をおくようにすると優美な動きになります。

次にティーカップ。フォーマルなアフタヌーンティーにふさわしいのは、薄手で金彩の施された華やかな磁器。ゲストの人数分プラス数客を、すべてお揃いで用意しておきます。

ちなみに、一人ひとり違うカップでお出しするのがおしゃれというのは、日本だけの感覚のようで、正式な場ではNGとされています。和食器の文化においては自然なことですが、洋食器は基本的に同じデザインで揃えます。統一感をもたせたコーディネートはセンスの見せどころです。

また、紅茶をティーポットからカップに注ぐとき、日本の女性はかなり高い確率で、ポットの蓋を押さえながら、急須でお茶を注ぐかのように紅茶もいれてしまいます。和のお作法としては美しいのですが、こちらも日本式の所作。英国流のティーサービスは、右手でポット、左手でカップ＆ソーサーを持ち、胸の高さまで持ち上げて、ゆっくりとポットから紅茶を注ぎ入れます。

ティーサービスにおいてイギリスらしいアイテムといえば、ホットウォータージャグ。ホテルでアフタヌーンティーを楽しむとき、お湯だけが入った、ちょっと縦長のポットをご覧になったことはありませんか？　日本ではあまり見かけないうえ、たまに用意はあっても間違った使い方をしているところも多いのですが、これは濃度を調整するためのお湯。ゲストにお茶の好みをうかがい、薄めとリクエストされたかたのカップに注ぎ入れるために使います。

紅茶をカップに注ぎ入れたら、マダムが主賓のかたから順番に手渡しします。一杯目の紅茶は、特にウェルカムティーの意味合いもありますので、「ようこそいらっしゃいました」というご挨拶の気持ちを込めて、一人ひとりお声がけしてくださいね。

アフタヌーンティーのメインは紅茶ですので、最低でも茶葉は2種類、フォーマルになさりたいときには3種類以上、用意します。アッパークラスのかたのお茶会では、中国系のお茶、インド系のお茶、加えてオリジナルのハウスブレンドが登場していたようです。

2杯目の紅茶をいれるときに、注ぎ足すのもNG。飲みきってから新しい紅茶をいれるか、もしくはスロップボウルという、日本でいう「湯こぼし」のようなものをサイドテーブルに用意しておき、ゲストの目に入らないように流します。その際に、マダム・エレナは空になったカップであっても、ケトルからお湯を注ぎ、さっと洗い流していました。

「紅茶は香りを楽しむもの、前に飲んだ紅茶の香りが残っていたら台なしでしょ」

ゲストには気づかれないような、さり気ないことなのですが、英国流のホスピタリティですね。

TEA
TIME
COLUMN

フルーツティー

イギリスで出会った中で、いちばんお気に入りの紅茶がフルーツティー。ある日、おしゃれな友人の家にティーパーティに招かれたとき、たくさんのフルーツが詰め込まれたガラスのポットが目に飛びこんできました。パーティが始まり、そこにライトなセイロンティーを注ぎ入れ、ウォーマーのキャンドルに火を灯したとたん、部屋中が甘く芳しいフルーツの香りに包まれたのです。

「わぁ、なんて素敵な演出なの！」

見た目に美しいだけではなく、口に含んでみると今までに味わったことのないようなフルーティーなお味。

「同じフレーバードティーをいれるなら、人工的に着香をしたお茶より天然のフルーツから香りをもらったほうが自然だし、美味しいと思わない？」

なるほど……。確かに流行のフレーバードティーの中には、チューインガムのような香料をイメージさせるものもあります。天然の果物の甘みがぎゅっと凝縮されたフルーツティーは、紅茶との相性も最高でした。驚いたことに、1杯目の紅茶を飲み終わったら、2杯目、3杯目と、新しい紅茶をガラスポットの中に注ぎ入れていくのですが、だんだんとフルーツから甘みが抽出され、美味しさが増していくのです。この紅茶ひとつで、その日のティーパーティは大いに盛り上がりました。

それから、何度このフルーツティーをいれたでしょうか。香りとともに、あの遠い記憶がよみがえってくるようです。

日本式お紅茶のセッティング

先日、とあるミシュランの星つきレストランに行ったときのこと。

最後に紅茶をオーダーしたら、カップのハンドルが左にセッティングされ、手前にスプーンが横置きになって出てきました。

いわゆる、〈日本式・お紅茶のセッティング〉です。

このレストランの本店は、フランスのグランメゾン。長年3つ星を保っていますが、フランスの本店でこのセッティングは見たことがありません。

違和感を覚えながら、右にハンドルをまわすと、あの擦れたイヤな音が……。

マナーというのは、清潔で食べやすく、無駄な動きを省くという観点から作られた、理にかなったもの。この糸底をひきずり不快な音まで立てるような動きは、無用な所作です。

また、陶磁器の好きなかたや西洋絵付けをされるかたはご存知とは思いますが、実はティーカップには表裏があります。

右にハンドルを置いたときに正面にくる側が表。ハンドペイントの場合などは、こちら側にメインとなる絵付けをし、裏側には小花などを描きます。左ハンドルにセッティングするということは、裏側をゲストの正面にむけることになりますので、セッティングの観点からしてもNG。必ず右ハンドルでセッティングし、スプーンはハンドル側に縦に置きます。

ただ、この日本の礼法からきたといわれる日本式・お紅茶のセッティングは、英国式マナーの観点からはありえないお作法とはいえ、この一連の動きがイギリスのかたにとっては、茶道のお点前のように見えるらしく大好評。「もっともっと続きを教えて～」といわれるほどですので、イギリスのかたと紅茶を飲む機会があったら、お試しになってみてはいかがでしょうか。

英国マダムのおもてなし術

紅茶の準備がととのったら、ティーフーズをサービスします。

用意するティーフーズも会話の妨げにならないように、一口で食べることができるフィンガーサイズを用意します。また、繊細な紅茶の香りをそこなわないように、強いスパイスなどは避けます。

＊ Sandwich

まずはサンドイッチ。フォーマルな場合は、ホワイト＆ブラウン2色のパンを使い、一口サイズにカットします。注目すべきなのはパンの薄さ。薄いほどフォーマルだといわれていて、実際にイギリスのアフタヌーンティーなどでも、向こう側が透けてしまいそうなほど薄いものもあります。何故かしらと思って尋ねたら、理由は意外なものでした。

パンを上手に薄く切るのって難しいですよね？　ですので、「うちはこんなにパンを薄く切ることができる腕利きの職人を抱えているのよ～」と、薄さを競い合った昔の慣習からきているというのです。驚きの理由でしたが、確かに、ブレッドナイフを使っても上手

ティーフーズは一口サイズに

に切れずにボロボロになってしまうことのほうが多いですし、小さくて薄いほうが噛みちぎる必要がなく、レディの小さな口でも上品にいただけますよね。

中のフィリングも数種類用意し、乾燥を防ぐために上に刻み野菜をのせます。もちろんきゅうりのサンドイッチは忘れずに。

＊ Scone

スコーンも小ぶりなサイズで作り、焼きたての温かい状態でお出しします。

このスコーンをサービスする器にもマダムのセンスが光ります。いちばんフォーマルなものはシルバー。保温のためのウォーマーがついたスコーンウォーマーと呼ばれるものや、丸いドーム型のお帽子がついたサービングプレートなどがあります。ドームのトップには〈ティータイム専用の銀器〉ということを示す、フルーツのつまみがついています。大は小を兼ねるからと、「お料理用のドームでお出ししようかしら……」と思うのはNG。アフタヌーンティーはあくまでも繊細さを追求するものなのです。

専用の銀器がなくても、温度をキープすることがポイントなので、リネンで包んでスイングハンドルのバスケットに入れても素敵。イギリスマダムのおもてなしで多いのが、リネン製のビスケットウォーマーに小さなスコーンを入れて出てくるパターン。エレガントでとても可愛いアイテムです。

＊ Pastry

アフタヌーンティーに用意するお菓子は、小ぶりでエレガントなペイストリー。できるだけたくさんの種類をプレートに並べてサービスします。

定番といわれるヴィクトリアサンドイッチなどのホールケーキをお出しするときには、気をつけたいことがあります。日本ではどうしても、お誕生会方式に最初から等分にカットしてしまいがちなのですが、これはＮＧ。ゲストにどのくらいの量になさるかうかがいながら、ケーキ用のサービングナイフとサーバーを使って、マダムが切り分けてサービスするか、ホールのまま回します。

召し上がりたい分量だけどうぞ、というゲストへの心配りです。

ティータイムにふさわしくないもの

「食べきれないほどのたくさんのお菓子を並べる」といっても、イギリスのお菓子にはアフタヌーンティーにふさわしいものと、そうではないものがあります。イギリスでは、ティータイムのお菓子とお食事のあとにいただくデザートを明確に区別しているからです。

英国菓子といえば、有名なプディングが頭に浮かびますが、プディングはデザートの代表。プディングといえばデザートの総称となっているくらいです。

ソースがふんだんにかかった生菓子や、水分やお酒をたっぷりと含んだデザートがアフタヌーンティーに登場することはありません。「昨夜のデザートの残りかしら?」と思われてしまうこともありますので、作るときにはご注意を。

クリームを添える場合も、デザートには流れるような液状のソースが多いのですが、ティータイムにお出しする際はホイップして固めにしたものを用意します。

ちなみに紅茶好きのイギリスでも、フォーマルなディナーのあとにいただく飲み物はコーヒーが主流。カフェインが苦手というかたは、カモミールやミントなどのハーブティーをいただきますが、厳格なマナーからすると、どちらもデザートと一緒ではなく、そのあとにフィナーレとしていただきます。

また、スコーンに添えられるジャムの中にも、ティータイムには避けたほうがベターといわれるものがあります。何か思い浮かびますか？

答えはマーマレード。イギリスで朝食をとったことがあるかたなら、ピピッとひらめくかもしれませんが、一般的なイギリス家庭の朝食は、薄いパンを三角に切って、カリカリにトーストしたものにマーマレードを塗って、紅茶と一緒にいただきます。

日本と同じように朝食自体を食べないという人も多くなっている現代では、卵料理やフ

朝食の定番マーマレードは、ティータイムにはNG

ルーツもなし、トーストのみという質素な朝食も珍しくありません。

「えっ？　あのボリューム満点のイングリッシュブレックファーストを食べているのではないの？　ふわふわのイギリスパンは？」

そう思われるかもしれませんが、日本でもズラリと並んだ和定食を食べるのは和風旅館やホテルくらいというのと同じ。御飯と納豆という感覚がトーストとミルクティーといったところでしょうか。

その朝食に出てくるイメージの強いマーマレードをアフタヌーンティーの席でお出しすると、優雅なティータイムの雰囲気が崩れてしまうのでタブーというわけです。

イギリスでは、よく夏に家族でベリー摘みをして、手づくりジャムを作ります。ストロベリー、ブルーベリー、ラズベリー、といった定番のベリーから珍しいものまで、ベリー系のジャムでしたら、比較的何でもティータイムのお菓子によく合います。2、3種類用意し、瓶そのままでサーブするのではなく、ジャムディッシュという専用の器に入れてお出しすると、ティーテーブルがぐっと華やかになります。

賢いティータイムの会話術

アフタヌーンティーは、美味しいお茶とおしゃべりを楽しむ午後のひとときです。そこで、いかに楽しい時間を演出できるかもマダムの手腕。たとえば、会話の流れをリードするのもマダムのお役目です。ゲストが興味のある話題を投げかけ、ふさわしくない話題になると方向転換をし、ゲスト全員が輝く瞬間を持つように場を仕切らなければなりません。そのために、イギリスのフィニッシングスクールでは〈社交会話術〉という授業があるくらいです。

一杯目のお茶、ウェルカムティーをいれる際に、ティーポットやカップばかりに気をとられてしまいがちですが、このとき無言でお茶をそそぐというのはマダムとして失格です。一人ひとりへのご挨拶のほか、ほかのゲストへの紹介の意味もありますので、そのかたの長所やアピールポイントも、さりげなく添えるようにします。

女性同士だと、どうしても褒め合いになってしまうということもありますが、褒めるほうも褒められるほうもセンスが必要とされます。マダムはあくまでも自然でスマートな褒め上手を目指し、ゲストも褒められたら否定などせずに「ありがとう」と微笑むことができるよう、褒められ上手になりましょう。

二杯目のお茶はゲストティー。招かれた側が会話をリードして盛り上げます。ゲスト側としても会話に参加しないかたがいたり、逆に一人の人ばかりがおしゃべりするような会にならないように、みんなで楽しい時間を共有できる話題を選びます。

社交会話のマナーとして、してはいけない話題というのがあります。まずは政治や宗教の話。いろいろな考えのかたがいますし、このような話題をした場合、論争につながることもありますので、避けるのがベター。

次に病気や死がからむ話。体調の悪さや病気の話を延々と聞かされるというのも気分のいいものではなく、お食事の場にはふさわしくない話題です。

そして、年齢、髪の色や目の色というのも、知らないうちに相手を傷つけていることがありますので、触れないほうがよいとされています。

子どもの話や家族についての話も、謙遜して話しているつもりでも自慢と受け取られることもあります。また、人の噂話や悪口などは品格を下げます。

ひとつの話題が長すぎたり、一人に偏ったりすることのないよう、調和を大切にしながら、全員が心地好い会話になるように心がけましょう。

何だか堅苦しいと思ってしまいますが、円滑なコミュニケーションのために覚えておきたい大人のマナーです。相手を敬う気持ちをもってのぞめば大丈夫。それが場の空気になり、伝わっていきます。

スマートで気の利いた会話ができるように、日ごろから美術館や博物館に行く、映画や舞台を観る、本を読むなどして、ブラッシュアップを心がけてみてくださいね。

スマートなパーティクロージング

会話が弾むと、あっという間に時間は過ぎていきます。気がつくと、「もう、こんな時間！」ということもしばしば。

そんなとき、スマートにゲストに席を立たせるのもマダムの手腕です。

そこでイギリスのマダムは、いくつかの奥の手を使っています。

いちばん明確な方法は、インビテーションカードに時間を入れること。たいていスタートの時間が書かれていることが多いのですが、終了時間まで書くようにするのです。そうすると、ゲストのほうも時間の目安になりますし、そのあとの計画も立てやすくなり、双方にとってメリットになります。

何となくおしゃべりが続く場合は、時間を見計らって、

「最後に少し強めのお茶でもいれましょうか？」

と尋ねます。この言葉はお開きの合図。アフタヌーンティーは、もともとそんなに長時間のパーティではありませんので、くれぐれも「もう一杯お言葉に甘えて……」などといわないようにしてくださいね。

それでも空気が伝わらないときは、会話を過去形にしたり、明日の話をしてみます。

「今日は楽しんでいただけましたか?」

「明日のご予定は?」

こんな表現をすれば、たいていのかたは気がつくものですが、それでもまったく帰るそぶりがなければ、最後の手段。照明のトーンを落としたり、音楽を止めたりしてみてください。そうそう、マダム・エレナは、そんなシチュエーションも自然に演出できるように、その時間になったら、ふと火が消えて暗くなる2時間用のキャンドルや、2時間半で音楽が終わるCDなど、いくつものアイディアグッズを持っていました。

「まだ帰りたくないわ……」と思っていただけるというのは、おもてなしという点では大成功ですが、ちょっと名残り惜しいというところで切り上げたほうが、次の楽しみにもつながりますよね。

「またあのかたの主催するお茶会に行きたいわ」と思っていただければ、パーフェクトマダム、おもてなしの達人です。

TEA
TIME
COLUMN

女王様のお菓子〜ヴィクトリアサンドイッチ〜

英国家庭でのアフタヌーンティーに招かれると、必ずといっていいほど登場するヴィクトリアサンドイッチ。紅茶の課外授業と称して、その発祥の地、ワイト島のオズボーン・ハウスを訪ねたことがあります。

初期の頃、限られたソサエティの中で行われていたアフタヌーンティーの存在をイギリス中に広めたのは、実はヴィクトリア女王（在位 1837 〜 1901 年）。アフタヌーンティーを考案したアンナ・マリアは女王の侍女を務めたこともあり、女王は結婚後の生活の中に、このお茶会の習慣を取り入れるようになったのです。

ヴィクトリア女王の一目惚れからはじまった恋物語が成就し、9 人の子供をもうけた結婚生活は、理想の家庭像そのものといわれましたが、アルバート公の急逝によって、女王 42 歳のときに突然幕が閉じられてしまいます。若くして愛する人を亡くした女王は、悲しみのあまりワイト島（Isle of Wight）という美しい島にある、王室の別邸オズボーン・ハウスに、喪服を身にまとったまま閉じこもる日が続きました。

そんな女王の心の癒しが、ときおり開かれるティーパーティ。そこで必ず出されたのが、女王お気に入りのこのケーキだったのです。最愛のアルバート公を失ってから 40 年近くたって、彼女はこのワイト島の地で最期を迎えます。女王の愛したケーキは、いつしかヴィクトリアサンドイッチケーキと呼ばれるようになり、アフタヌーンティーには欠かせないお菓子となりました。

明るい光が降りそそぐオズボーン・ハウスの庭を眺めながらヴィクトリアサンドイッチを口にしたとき、女王が心に負った傷の深さを思い、心なしかほろ苦さを感じた旅の記憶です。

オズボーン・ハウス
© Howard Morrow/Britain On View/Gettyimages

Chapter 3

アフタヌーンティーを彩るテーブル

お茶まわりのキュートな小物たち

至福のティータイム……。

その言葉を耳にしただけで、なぜか心が躍るような気持ちになりませんか？

そんな紅茶の魅力は、どこからくるのでしょうか。おそらく、紅茶という小さな世界の中に、飲みものとしてだけでなく、紅茶から広がる銀器やアンティーク、陶磁器やテーブルセッティングなど、その背景にある華やかで奥深い世界をイメージするからではないでしょうか？

シルバーのティーセットに可愛い砂時計。その横に並ぶティーストレーナーやキャディースプーン。キラキラと輝くキュートなアイテムに囲まれていると、まるで貴婦人になったかのように気分が高揚します。

ティータイムをより豊かに彩る、お気に入りのアイテムを少しずつ揃えながら、優雅な午後のお茶時間を演出してみてくださいね。

ティータイムを華やかに彩るアイテム

ティーセット　TEA SETS

ティーサービスをするための基本となるセットです。ティーポット、ミルクジャグ、シュガーボウル、イギリス製の場合は、ここにホットウォータージャグが入ります。できれば同じシリーズや材質で揃えると統一感が出て素敵。

ティーポットのおすすめはシルバー製、テーブルを華やかに演出します。また、英国では銀のポットでいれた紅茶は味にまろみが出るといわれています。ポットの形は、なるべく球形に近いもの、ハンドルを持ったときに安定感があるもの、そして注ぎ口のキレのよいものをセレクトしてください。

ミルクジャグはたっぷりと入る大きめのサイズがおすすめ。シュガーボウルにはお砂糖にあわせて、レードルまたはトングを添えます。ミルクジャグやシュガーボウルをゲストにハンドリングしていただく際には、ドイリーを敷いたソーサーまたは小ぶりのトレイにのせます。

ティートレイ　TEA TRAY

ティーセットをのせるトレイのこと。トレイは、シルバーや木製など、ティーセットの材質やテーブルコーディネートのイメージと合わせてみてください。

このトレイには、滑り止めや音の吸収のためにドイリーやトレイクロスを敷きます。シルバーのトレイにはレースドイリーを組み合わせると、より繊細なイメージが演出できます。カジュアルな場合には、可愛いティータオルを合わせても華やかになりますね。

ティースプーン　TEA SPOON

ティースプーンのサイズは、飲み物用の小さめのスプーンの中でいちばん大きなもの。ティースプーン、コーヒースプーン、デミタススプーンと、サイズが異なるのでご注意を。ティースプーンは、茶葉を量るメジャースプーンとしても使用できる大きさになっています。

アンティークのティースプーンは小ぶりなサイズが多く、ハンドルのパターンを見ただけで時代様式がわかります。ブライトカットやピアスドワークなど、繊細な職人技の光る装飾は、眺めているだけで楽しいもの。アンティーク入門としてもおすすめアイテムです。

写真上：ティーサービスセット
（ティーポット、ホットウォタージャグ、シュガーボウル、ミルクジャグ）
右下：ティースプーン／左下：ティーナイフ

ティーナイフ　TEA KNIFE

ティータイムに大活躍するナイフ。中でもティーナイフと呼ばれる専用のナイフがあります。アフタヌーンティー用の華奢なものから、クリームティー用の大きなもの、刃先も丸いものから尖ったものまで、さまざまなデザインのアイテムが現在でも作られています。

アンティークの中には、ハンドルがマザー・オブ・パール（白蝶貝）やアイボリー（象牙）などで作られた凝った銀細工のティーナイフも多く見かけます。ティータイムのカトラリーはナイフだけというスタイルも多いので、「銀のティーセットはちょっと手が出ない……」というかたでも、まずは優美なティーナイフから揃えてみてください。ヴィクトリア時代へタイムスリップしているような感覚にひたることができます。

ティーケトル　TEA KETTLE

英国では、「紅茶をいれるときには、ケトル（やかん）をポットに近づけるのではなく、ポットをケトルに近づけること」と言われています。というのも、ヴィクトリア時代の大邸宅では、キッチンで沸かしたあつあつのお湯が、長い廊下や階段を経てようやくドローイングルームにつくころには、すっかり冷めてしまうということが実際にあったのです。

そこで、華麗な装飾を施したウォーマー付きのティーケトルをドローイングルームの中にセットし、ホットウォーターを用意しました。

お茶会では、ティーメイクに使ったり、ポットやカップを温めたりと、お湯をたくさん使うため容量も大きめ。存在感たっぷりのティーケトルは、堂々とした品格があります。

スロップボウル　SLOP BOWL

日本でいう「湯こぼし」のような存在がスロップボウル。カップを温めたり、すすいだりしたお湯や、冷めてしまったお茶を流すための道具で、マダム一人でおもてなしをする際の心強い味方になります。

古いアンティークの中には、陶磁器製のティーボウルとお揃いのデザインで、ティーボウルを大きくした形状のものを見かけることがあります。イギリスの家庭では、スタイリッシュなステンレスのボウルやジャンボカップで代用したり、シノワズリー風に日本の建水《けんすい》を使っていることもあります。

ティーキャディー　TEA CADDY

紅茶の茶葉を保管する容器、日本でいう茶筒のことです。ヴィクトリア時代のアフタヌーンティーでは、ゲストの前でお茶をいれるため、見せることを想定して優美な器を銀や陶磁器・ガラスなどで作らせました。

まだ茶葉がとても貴重だった時代、茶葉を保存する際には、鍵つきの木製のティーキャディーが使われました。鍵をつけておかないとメイドが茶葉を持ち帰ってしまう恐れがあったため、宝石と同じように大切に扱われていたのです。木製ティーキャディーには、左右に茶箱がついていて、2種類の茶葉を中央のミキシングボウルでブレンドしてから、お茶を楽しんでいたようです。まるで宝石箱のようですね。

キャディースプーン　CADDY SPOON

ティーキャディーから茶葉を移しかえるためのスプーン。古く中国からお茶を輸入していたとき、計量スプーンに貝殻を使っていたことから、シェルシェイプとよばれる貝殻をモチーフにした形が多く見られますが、デザインも大きさもさまざま。

特にアンティークの純銀製キャディースプーンはコレクターも多く、シルバーの技法を結集した優美なアイテムたちは、ティーテーブルの小さな主役です。

写真右上：ティーケトル／左上：スロップボウルとティーボウル
右下：ティーキャディー／左下：キャディースプーン

ビスケットウォーマー　BISCUIT WARMER

お茶まわりのアンティークの中でも、優雅なアイテムとして人気なのがビスケットウォーマー。ハンドルの下にある貝殻の形をしたボックスは、左右に開閉することができます。もともとはヴィクトリア時代、自然を愛する英国では、屋外でガーデンティーやピクニックティーをすることは最高の贅沢でした。そんなとき、サプライズとして、この中にビスケットやスコーンを入れて持ち運ぶために作られた銀器です。名前から察せられるように、中にお湯を張り、ウォーマーとして使われたこともあったようです。

シェルシェイプの貝殻がふたつに開くものがいちばん多く見られますが、中には三方向に開くものや、バッグ型のものなどさらにレアなものも存在する憧れのアイテムです。

ビスケットホルダー　BISCUIT HOLDER

イギリスの女の子が、最初に作り方を習うお菓子がビスケット。日本でいうクッキーのことなのですが、イギリスではビスケットと呼び、ティーブレイクの定番です。一度にたくさん焼いて、ビスケットジャーに保管しておき、マグカップ片手に一枚、もう一枚……というのが日常のシーン。そんなシンプルなお菓子を素敵に変身させるのが、このビスケットホルダー。こんなにラブリーなホルダーに入って登場したら、目が釘づけになりますよね。思わず「ラブリー!」と口にしてしまう、イギリスらしいアイテムです。

ティーボウル　TEA BOWL

お茶が初めて中国からヨーロッパに渡ったのが17世紀。このとき、茶葉を運ぶ船のバラスト（船の安定を保つために積み込む土砂を入れた袋）の代わりとして、茶道具もティーロードを渡りました。当時の王侯貴族たちは、ハンドルのないティーボウルと呼ばれる小さな茶碗で、貴重なお茶を薬として飲んでいたのです。ヨーロッパで磁器が作られるようになり、ティーカップにハンドルがつくのは18世紀に入ってから。日本の茶器にも似ているせいか、どこかなつかしさを感じ、和のテーブルにも馴染むから不思議。ティーカップの中に、長いお茶の歴史を感じるアイテムです。

シュガーシフター／シュガートング／シュガーニッパー
SUGAR SIFTER / SUGAR TONG / SUGAR NIPPER

アンティークの中には、砂糖専用に作られたアイテムが多く見られます。昔は砂糖がとても高価で貴重だったため、それを好きなだけ使うことができるということが豊かさの象徴だったからです。砂糖を入れるための銀器の大きさが、そのまま財力をあらわしていたというわけです。

アンティークのティーセットの中には、驚くような大きさのシュガーボウルを見かけることがありますが、それも同じ理由からです。

フォーマルなお茶会では、砂糖は塊のものを使用しますので、シュガートングを添えます。鋏のような形状をしているものは砂糖を挟んでつかむシュガーニッパー、これはゲストでさえも手に取ることが許されないものでした。シュガーシフターは、お菓子やフルーツなどに砂糖をふりかけるためのもの。

このようなレアアイテムは、テーブルの片隅にあるだけで、和やかなティータイムを演出するトーキンググッズとしても大活躍します。

写真右上：ビスケットウォーマー／左上：ビスケットホルダー
右下：オープンシュガー、シュガーニッパー、シュガートング、
シュガーシフター／左下：ティーボウル

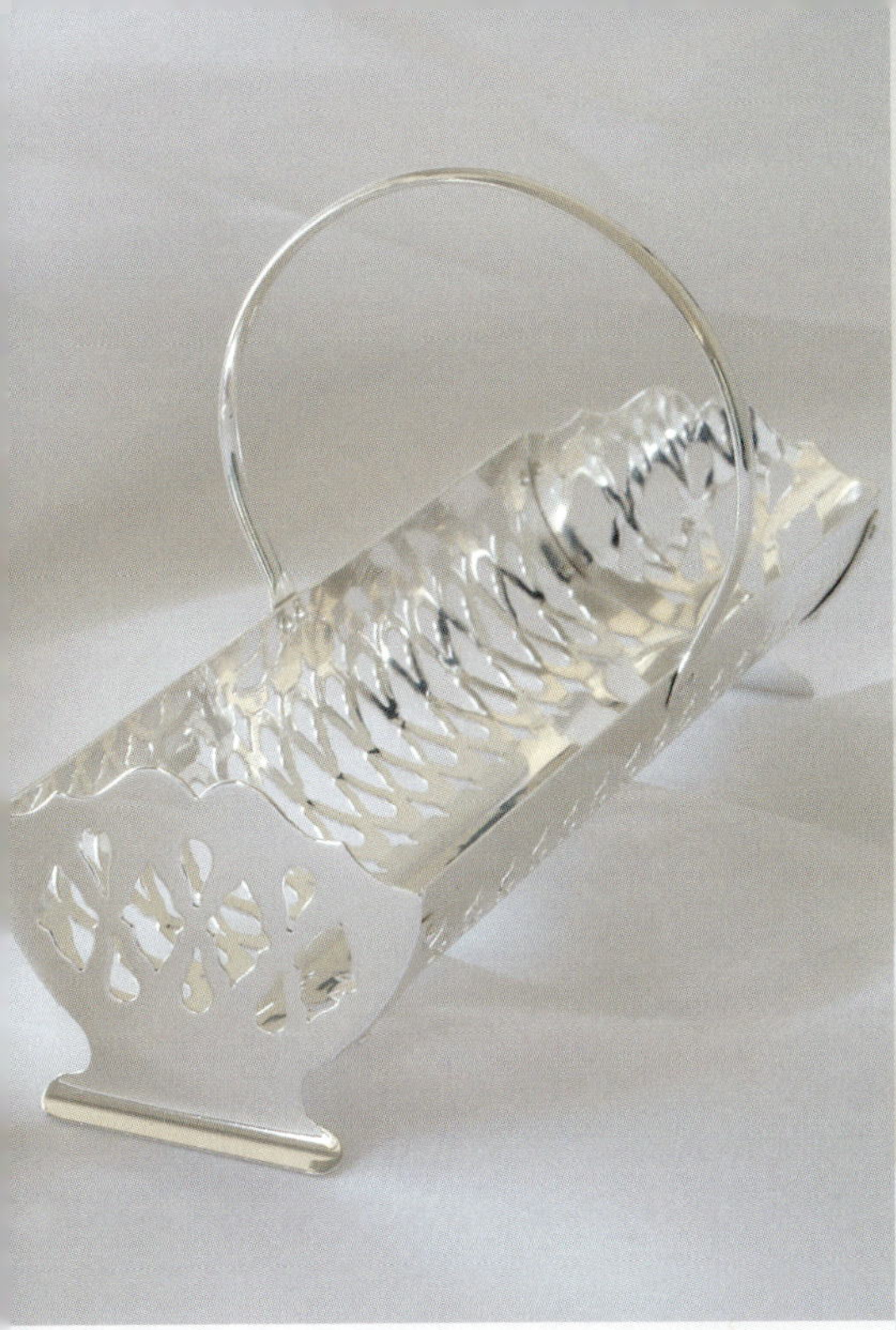

Epilogue

マナーは素敵な人生の扉を開く鍵

一杯の紅茶には不思議な魅力があります。

キラキラと輝く銀器たちに囲まれているせいでしょうか、ティータイムを過ごしている女性もまた、気品に溢れ、キラキラしたオーラを放っています。まさに至福のティータイム……幸せお茶時間です。

そんなとき、ちょっとしたマナーを心得ていれば、あなたはもっと素敵に輝きます。マナーは堅苦しい飾りものではなく、あなた自身を輝かせる一生の宝ものなのです。

マナーはホスピタリティー。思いやりと感謝の気持ちを素直にあらわすツールです。

ルールのように、これをしてはいけないという決まり事ではありませんし、エチケットのように、知らないと恥ずかしいというものでもありません。一緒にテーブルを囲む人や、同じ空間を共有する人と、「心地のよい時間を過ごしましょ」という気持ちからうまれた、心のエレガンスです。

言いかえると、もしマナーに反したことをしたとしてもあえて指摘されることはありません。だからこそ、マナーは品格をあらわすのです。

気品を兼ね備えた女性は、どのようなシーンにおいてもオーラを放ち、不思議と魅力的な人やものが引き寄せられていきます。

人生の潤いは一杯の紅茶から。愛されるマナーを身につけて、たったひとつの可憐な花を咲かせてみてください。

この一冊が、素敵な人生の扉を開く鍵となることを願って。

藤枝理子

藤枝理子 RICO FUJIEDA

東京都生まれ。英国紅茶&マナー研究家。サロンアドバイザー。大学卒業後、ソニー株式会社・経営企画部に勤務。結婚後、紅茶好きが嵩じてイギリスに紅茶留学。帰国後は、自由が丘デポー39にて紅茶とお菓子のプロデュースに携わり、東京初サロン形式の紅茶教室「エルミタージュ」を主宰。英国式紅茶&テーブルコーディネート、イギリスのお菓子、自宅サロン開設講座などライフスタイル提案型レッスンを行い、テレビ・雑誌・講演会などで幅広く活躍中。著書に『サロンマダムになりませんか?』(WAVE出版)がある。公式ホームページは、https://ameblo.jp/rico1995/

もしも、エリザベス女王のお茶会に招かれたら?

英国流アフタヌーンティーを楽しむ
エレガントなマナーとおもてなし40のルール

2013年 2 月25日 [初版第1刷発行]
2023年12月 2 日 [初版第6刷発行]

著者　藤枝理子

ⒸRico Fujieda 2013 , Printed in Japan

発行者　松原淑子

発行所　清流出版株式会社
東京都千代田区神田神保町3-7-1
〒101-0051
電話　03-3288-5405
https://www.seiryupub.co.jp/

印刷・製本　大日本印刷株式会社

乱丁・落丁本はお取り替えいたします。
ISBN978-4-86029-398-7